REGRAS DA CONFIANÇA

BOB LEE

REGRAS DA CONFIANÇA

Como os melhores **GERENTES** do mundo **CONSTROEM** as melhores **EMPRESAS** para trabalhar

PRIMAVERA
EDITORIAL

Fui inspirado a escrever este livro pelos muitos líderes ao redor do mundo que escolhem tratar as pessoas com respeito, decência e bondade. Eles produzem um impacto positivo na vida dos outros e fazem do mundo um lugar melhor e mais acolhedor.

Se você é um desses líderes, obrigado. Siga em frente

SUMÁRIO

PREFÁCIO

BOM PARA AS PESSOAS, PARA OS NEGÓCIOS E PARA A SOCIEDADE

RUY SHIOZAWA, CEO DO GREAT PLACE TO WORK BRASIL

UMA DAS DEFINIÇÕES DE "CONFIANÇA" no dicionário é a crença de algo que não falhará, de que é bem-feito ou forte o suficiente para cumprir sua função. Alguns líderes conseguem imprimir esse sentimento em suas equipes – são feitos para durar – seja lá a tormenta pela qual suas companhias irão passar. A conquista da confiança, porém, não é algo simples, embora seja por meio de simples atitudes que muitos dos nossos gestores exemplares alcançam a admiração de seus times. Gostaria aqui de contar alguns casos em que a postura do líder foi fundamental para a construção de um ambiente de confiança.

A Radix é uma empresa de engenharia e tecnologia sediada no centro do Rio de Janeiro. Seu fundador é Luiz Eduardo Rubião, que tem o hábito – desde que fundou sua empresa anterior, a Chemtech – de investir muitas horas de sua atribulada semana andando pela empresa e conversando com as pessoas. Nestas andanças, Rubião tem a oportunidade de parabenizar um colaborador que recebeu um elogio do cliente ou uma equipe que cumpriu uma missão desafiadora, ouvir ideias e reclamações de colaboradores de todas as áreas e todos os níveis, descobrir coisas boas e ruins que muitas vezes não chegam ao seu conhecimento ou então simplesmente bater um papo com a recepcionista, a tia do café e a equipe da faxina.

Essa ação sistemática se transforma em um traço cultural das organizações que Rubião dirige e transmite uma mensagem muito clara a todos os colaboradores: qualquer pessoa, a qualquer momento, pode discutir qualquer assunto diretamente com o presidente. É a forma de praticar os valores e princípios da organização e dar o exemplo a todos os demais líderes de como deve ser aplicado o modelo de gestão da empresa. Não é por acaso que as duas empresas fundadas por Rubião sempre estiveram na lista das Melhores Empresas para Trabalhar no Rio de Janeiro, no Brasil e na América Latina.

A rede de varejo Gazin, hoje com mais de sete mil colaboradores e 250 lojas, nasceu há mais de cinquenta anos em Douradina, interior do Paraná. Mário Gazin, então com dezesseis anos, e seu pai começaram a primeira loja trocando-a pelo jipe da família e boa parte de sua chácara. Mário adora uma boa conversa em torno da mesa de refeição. Por isso, ele montou uma bela cozinha na sede da empresa e com grande frequência convida seus colaboradores de todo o Brasil para almoçar ou jantar com ele. O detalhe é que ele pergunta as preferências gastronômicas de cada um e ele próprio coloca o avental e vai atrás do fogão preparar a comida para a equipe. Além disso, ele faz questão de montar cada prato e servir cada colaborador pessoalmente.

Mário demonstra desta forma bastante prática – e deliciosa – que qualquer pessoa pode procurá-lo a qualquer momento e tratar de qualquer assunto. Dá o exemplo também do que é uma cultura de servir, crucial no ramo do varejo. Qualquer pessoa que atue neste segmento precisa gostar de servir e o exemplo parte dele, servindo seus próprios colaboradores. Com certeza também não é por acaso que a empresa, que nasceu em um período de grandes dificuldades, vem surfando em todas as crises que o país enfrentou neste meio século. Não foi o acaso também que colocou a empresa entre as Melhores para Trabalhar no Paraná, no Brasil e na América Latina.

***

A Ceneged é uma empresa que nasceu no Ceará, atuando na prestação de serviços de eletrificação e construção de redes. Em uma iniciativa pioneira no mundo, há sete anos, foi convidada pela concessionária de energia Coelce – um great place to work e que hoje faz parte do grupo Enel – para também trabalhar pela transformação de seu ambiente de trabalho. O raciocínio simples e brilhante da Coelce foi "uma vez que ser um GPTW é ótimo para a empresa, para nossos colaboradores e clientes, queremos que nossos fornecedores também o sejam". O irrequieto presidente da Ceneged, Renato Albuquerque, aceitou o desafio na hora.

Com seu jeito simples, informal e muito entusiasmado, Renato está sempre circulando pela empresa, que tem equipes distribuídas em centenas de municípios em seis estados. O itinerante "Café com a Diretoria" é um momento especial onde todos os colaboradores podem trazer qualquer assunto para debater.

Muito melhor do que as famosas políticas de portas abertas, uma vez que a sala do presidente pode estar a centenas de quilômetros, é a prática de visitar regular e pessoalmente os locais onde estão as equipes, por mais afastados que sejam, entender sua realidade local e implementar uma política de transparência, que não precisa de portas!

O cargo de início de carreira da empresa é o leiturista, que foi exatamente por onde Renato começou a sua própria carreira. Esta identidade permite que o presidente entenda as dificuldades que suas equipes enfrentam no dia a dia, com calor abrasivo ou chuva torrencial, e faz disso a chave da proximidade da alta gestão com as equipes de campo. E, por isso, também não é por acaso que a Ceneged figura entre as Melhores Empresas para Trabalhar no Ceará, em Pernambuco, no Rio de Janeiro, no Brasil e na América Latina.

Estes são apenas alguns exemplos muito simples, sem custo, mas de alto impacto para o desenvolvimento de uma cultura de confiança e que torna essas empresas tão especiais – e premiadas. Ao se conectarem com seus times, esses executivos lideraram pelo melhor dos exemplos. Eles plantaram a semente da boa gestão, pautada nas regras da transparência, confiança e gratidão. Como resultado, desenvolveram gerentes que seguem o caminho e cultivam o interesse genuíno pelas pessoas, tornando a relação corporativa saudável, produtiva e vindoura. Como você poderá ler neste livro, lançado pelo GPTW em vários países do mundo, a boa relação entre líderes e liderados (e isso se dá no topo da pirâmide, no meio, e também no chão de fábrica) é um dos principais pilares que sustentam uma boa empresa para trabalhar. Quando o exemplo vem de cima, como os casos citados, perpetuar essas relações abaixo fica muito mais fácil (e o trabalho mais divertido). E todos colhem os melhores frutos.

Transformar-se em um great place to work é ótimo para as pessoas, pois acreditam que as longas horas que passam conectadas com o trabalho, ao contrário de ser um sacrifício ou um mal necessário, é algo que tem significado, dá sentido às suas vidas e traz orgulho ao ver seu trabalho bem realizado e seu cliente satisfeito. Por outro lado, pessoas que se sentem estimuladas a dar o melhor de si em seu trabalho, com espírito de cooperação e camaradagem, retribuem a atenção e o cuidado que recebem das empresas na forma de melhores resultados. Melhor também para as empresas, que veem seus índices de rotatividade ou de despesas médicas cair, enquanto assistem índices de satisfação de clientes e desempenho financeiro subir, especialmente nos momentos de crise ou instabilidade econômica do país ou das regiões onde atuam.

Acima de tudo, melhor para a sociedade, pois estas empresas, ao formarem melhores profissionais e melhores líderes estão, antes de mais nada, desenvolvendo melhores cidadãos, pois praticam uma cultura de transparência, ética e responsabilidade socioambiental. Neste livro, contamos alguns destes segredos que tornam a busca pela transformação dos ambientes de trabalho em um great place to work uma missão nobre e cívica. Insistindo em exemplos (e regras) simples, de baixo custo e de grande impacto, procuramos mostrar que há, sim, uma saída que está ao alcance de todos nós, por meio de líderes e organizações de qualquer porte e todos os segmentos, para os graves problemas que políticos e empresários corruptos mergulharam o país. Mãos à obra e ótima leitura a todos!

GESTÃO À BRASILEIRA

DANIELA DINIZ, DIRETORA DE CONTEÚDO E EVENTOS DO GREAT PLACE TO WORK BRASIL

Durante uma visita a uma empresa em São Paulo, Marcio Fernandes, presidente da Elektro, ouviu a seguinte frase do número 1 que o conduzia pelos corredores: "eu amo tudo isso aqui, mas não consigo ter o seu carisma". Márcio fez apenas um comentário: "você circulou toda a empresa e não deu bom dia para ninguém. Como ter carisma assim"? Márcio Fernandes se tornou referência em liderança no Brasil após levar a Elektro ao primeiro lugar no pódio das Melhores Empresas para Trabalhar no país por cinco anos consecutivos. Entre 2013 e 2017, a companhia, com sede em Campinas, no interior de São Paulo, foi considerada a melhor empresa para trabalhar no Brasil com notas de tirar o fôlego de qualquer pesquisador. No último ano, bateu 99,52% no Trust Index (Índice de Confiança) que corresponde à nota dada pelo funcionário sobre as práticas e políticas da empresa. Desde sua revolução no jeito de gerir a companhia, não foi apenas a satisfação dos funcionários que subiu às alturas. Clientes, fornecedores e acionistas começaram a entender o conceito perpetuado por Márcio: "felicidade dá lucro", título de seu primeiro livro, publicado em 2015.

O presidente da companhia elétrica mais admirada do Brasil, por seus vários títulos de bom empregador, é um dos exemplos de líderes brasileiros que conseguem construir laços de confiança e transformar suas empresas em excelentes lugares para trabalhar. Junta-se a ele, nomes como Luiza Helena Trajano, do Magazine Luiza, Janete Vaz, do Laboratório Sabin e Mário Gazin, da varejista Gazin, que – de forma sustentável – vêm mantendo a felicidade interna e, consequentemente, o caixa saudável. Em comum, eles demonstram o interesse pelas pessoa (regra número 12 deste livro: conheça a pessoa por inteiro) e conseguem, assim, traduzir o seu propósito para seus funcionários. Mais do que um sentimento ou palavra da moda no mundo corporativo, traduzir o propósito significa desvendar a cultura da companhia – algo que muitas empresas buscam hoje com planejamentos infindáveis, reuniões infinitas e até projetos milionários e não conseguem. Por que? Falta muitas vezes o mais simples: a conquista da confiança. "Quando você finalmente conquista a confiança do seu time, nasce a convergência de propósito", diz Marcio. "E nesse ponto o trabalho fica muito mais fácil e a empresa cada vez mais lucrativa. Os funcionários passam a substituir a reclamação por proposta".

Para conquistar a confiança do seu time, no entanto, Márcio passa antes por duas etapas ou duas regras que você poderá ler mais para a frente: a primeira é a proximidade (regra número 4: seja acessível e receptivo); a segunda é a credibilidade (aqui podemos atribuir a várias regras deste livro, mas a segunda – Viva com Integridade – resume mais o momento em que o líder consegue converter a desconfiança em confiança. "A confiança é uma evolução dessas duas etapas", diz Márcio, que assumiu a presidência da Elektro quando tinha apenas 36 anos e se dedicou a conhecer um por um dos mais de 3 000 funcionários como forma de se aproximar do seu time. "Fiz turnos de 30 pessoas todos os dias durante dois anos; às vezes dois turnos por dia", conta. "Não queria ser amigo de ninguém, queria entender quais são os interesses de cada um individualmente e agregar valor para a vida daquelas pessoas de verdade". Isso é o que ele chama de gerar interesse genuíno pelas pessoas (regra número 12 deste livro, que diz para conhecer o profissional por inteiro e não apenas como um empregado ou colaborador) – habilidade comum aos líderes que conseguem criar conexões com o time sem forçar a barra. Algo que faltava, por exemplo, no presidente citado no início deste capítulo. Líderes mais travados ou com dificuldade de se aproximar dos outros, precisam hoje de boas doses de disciplina para conseguir enxergar a multidão invisível responsável pelo sucesso dos negócios. Nem que seja um alerta diário para lembrar de dizer bom dia a todos que cruzarem seu caminho. Como escreve Bob Lee, "quando você demonstra interesse sincero pelos membros da equipe como indivíduos únicos e não apenas como empregados, mostra respeito pela complexidade de suas vidas".

Seguindo a teoria de Márcio, uma vez próximo, conectado, o profissional começa a acreditar naquilo que está sendo dito. Mas é preciso, como ele ressalta, ter persistência na coerência do discurso (regra número 2 e 3: Viva com Integridade e Cumpra suas Promessas). "Tem que ser algo que você acredita, sua filosofia de vida e não um fardo", diz Márcio. É natural que nesse processo as pessoas fiquem desconfiadas do novo, especialmente se elas viviam num ambiente de pouco diálogo e raríssima proximidade com a liderança. "Ninguém nunca teve interesse genuíno por mim. Por que agora querem me ouvir?" Essa é uma resistência muito comum que o líder vai encarar quando ele propõe fazer uma mudança. Pode parecer estranho, mas o caminho para a confiança, segundo Marcio Fernandes, passa pela desconfiança das pessoas. "É muito difícil passar dessa fase, fazer as pessoas acreditarem em você. Por isso, tem gente que desiste e volta ao modelo de comando e controle que parece ser muito mais fácil", afirma. "O que os desistentes não percebem é que quando viram o jogo da confiança, tudo fica mais fácil para você."

O teste da coerência, como Marcio define esta etapa, é fundamental para que o profissional realmente ultrapasse a barreira da desconfiança e passe a acreditar que você está falando sério e – melhor – está falando aquilo que ele realmente quer ouvir. "Você resgata algo que ele queria, que desejava, mas estava esquecido", diz. No caso da Elektro, foram práticas como abrir o recrutamento interno para cargo de diretoria – com os mesmos critérios e imparcialidade das outras vagas. "É dessa forma que você vai conquistando seu time. Falando a verdade."

Falar a verdade (ou, segundo a regra número 8 "deixar bem claro suas expectativas) também foi a forma que Luiza Helena Trajano, dona do Magazine Luiza e ícone do varejo brasileiro, usou para se comunicar com seu público – desde que o Magazine era uma pequena cristaleira em Franca, no interior de São Paulo. "Muita gente me criticava quando eu falava que gente era a coisa mais importante dos negócios", afirma Luiza Helena. "Diziam que falava assim porque eu era do interior". Desde que entrou para o ranking das Melhores Empresas para Trabalhar no Brasil – em 1998 – o Magazine Luiza nunca mais saiu da lista. Hoje, a rede tem 800 lojas, 20 mil colaboradores, 49 milhões de clientes e uma receita na ordem de 11 bilhões de reais. Ainda assim, mantêm a alma de uma pequena loja do interior que cultiva o interesse genuíno pelas pessoas – do lado de fora e de dentro do balcão. É impossível conversar com os funcionários da rede varejista sem que eles mencionem o nome de Luiza, filha e sobrinha única, que começou a trabalhar no Magazine da tia porque queria ter seu próprio dinheiro para presentear as pessoas. Assim como Márcio Fernandes,

Luiza Helena, gosta de falar, mas sobretudo, sabe ouvir. “Gosto do diálogo que conecta”, disse Luiza Helena recentemente num ciclo de Visitas de Benchmark promovido pelo Great Place to Work Brasil. “Como vou entender o outro se não falo e não ouço as pessoas.?”

COMUNICAÇÃO

Um ponto em comum entre Luiza Helena, Marcio Fernandes e outros líderes brasileiros que conseguem desenvolver bons ambientes de trabalho é o esforço e o investimento em comunicação. No início, pode ser apenas um “bom dia, como vai, fulano” quando a empresa ainda permite que se saiba o nome de cada funcionário. À medida que o negócio vai crescendo e exigindo times maiores e novos escritórios, porém, a tendência natural é descuidar da proximidade com as pessoas e culpar a distância e o tamanho pelos ruídos nas mensagens. No caso desses líderes, no entanto, não existe desculpa para não estar próximo e se fazer presente. “Quando assumi a presidência chamei o time de RH e de Comunicação imediatamente para começar os trabalhos”, diz Marcio, que acredita que a comunicação é o ponto chave para a construção de um ambiente de confiança – desde que seja quente, frequente, transparente e fluente. “É preciso contar a história do jeito que ela é, de forma fácil, na hora que acontece e sistematicamente”.

Luiza Helena sempre teve a comunicação como aliada nos negócios. Em 2011, tive a oportunidade de ouvir um grupo de funcionários do Magazine Luiza e entender como a voz corporativa faz diferença na gestão e impacta diretamente no clima. Naquele ano, a empresa estava processando uma série de mudanças e acontecimentos vividos em 2010: a mudança da sede de Franca para São Paulo, a abertura de capital e a aquisição das Lojas Maia. A estratégia de expansão da rede não parava por aí e em julho de 2011 anunciou outra compra de peso: as Lojas do Baú, arrebanhando mais 7 000 funcionários e marcando o território nacional com o nome de Luiza Helena. Como consequência das movimentações, em apenas dois anos, a empresa saltou de 121 lojas e 11 mil funcionários para 700 lojas e quase 24 mil profissionais – hoje, como já mencionado, a rede possui 800 lojas e 20 mil pessoas no seu quadro. A comunicação seria um desafio quase impossível de ser superado se não fosse a persistência de Luiza em falar. Mesmo durante o turbilhão, ouvi daqueles funcionários que ela mesma – àquela época presidente da rede – respondia os e-mails dos seus colaboradores (sem filtro). "Tudo vai virar commoditie", disse Luiza Helena ao grupo de profissionais de recursos humanos no mesmo ciclo de Visitas de Benchmark promovido pelo Great Place to Work Brasil. "O que faz e fará a diferença é o atendimento e a inovação."

Atendimento – ela fez questão de ressaltar várias vezes – para o público externo, seus quase 50 milhões de clientes, e para o público interno. Para suportar o crescimento sem perder a essência nos seus 60 anos de vida, a rede investiu em diversos canais de comunicação. Se não é possível mais saber o nome de cada um dos 20 mil colaboradores, é possível fazer a mensagem chegar quente, frequente, transparente e fluente a todos eles. Além do credo, uma espécie de manual escrito em 2011 que traduz as crenças do Magazine, a empresa – por maior que seja – não abre mão do seu Rito de Comunhão – um encontro às segundas-feiras de manhã em que todos os funcionários param para cantar o hino nacional, o hino da companhia, parabenizar os aniversariantes, falar de resultados e de outros temas relevantes da semana. Para atingir os muitos funcionários que ficam espalhados pelo país, a rede conta com a TV, a Rádio e o Portal Luiza. A rádio traz atualizações diárias da companhia e a TV exibe programas semanais.

Assim como Luiza Helena Trajano e Márcio Fernandes, Janete Vaz, sócia- fundadora do Laboratório Sabin, conhece o poder que a comunicação exerce sob os negócios. Quando estive pela primeira vez no Sabin, em Brasília, fiquei encantada com o espírito acolhedor e a gestão redondíssima daquele pequeno laboratório do Distrito Federal. O ano era 2007, o Sabin tinha apenas 470 funcionários e estava indo para sua terceira edição no ranking das Melhores Empresas para Trabalhar – ainda na lista das pequenas companhias. Naquela época, a preocupação com o time era enorme e tanto Janete quando Sandra Costa, a outra fundadora do laboratório, diziam conhecer um por um dos funcionários e tirar um dia no mês para responder a todas as perguntas deles, numa espécie de "Roda Viva" corporativo (de novo aqui a regra número 4 "seja acessível e receptivo" se faz fortemente presente). Hoje, é impossível saber o nome dos 4 000 funcionários espalhados por nove estados brasileiros, mas a empresa ainda se conecta da mesma forma intensa com seu time, se mantendo no topo da lista das Melhores Empresas para Trabalhar no Brasil por 12 anos. Em 2017, ficou em segundo lugar na categoria Grandes Empresas, perdendo apenas para a Elektro.

As pesquisas, aliás, são poderosas aliadas destas empresas. Por meio delas, ano a ano, seus líderes vêm traçando diagnósticos e identificando necessidades de melhorias. Não se trata de buscar o topo, mas de entender em primeiro lugar que time é esse que eles estão conduzindo, em segundo lugar, identificar as demandas e necessidades e, em terceiro, agir. Em 2010, por exemplo, o Laboratório Sabin, foi além no seu diagnóstico. A partir de um levantamento interno, que teve como referência parte do questionário do censo nacional do IBGE, a empresa buscou conhecer detalhes da vida dos seus funcionários. Descobriu, assim, que 1 em cada 7 deles não tinha máquina de lavar em casa. Como solução, a companhia buscou uma parceria com a Whirpool, dona da marca Brastemp, garantindo descontos de 30% a 40% para o eletrodoméstico. Os funcionários ainda tiveram a opção de pagar a máquina em 36 prestações. Aqui, o Sabin abusa das regras de confiança: além de "conhecer a pessoa por inteiro", os líderes do laboratório dão um exemplo de como ajudar seus colaboradores a encontrar o equilíbrio entre o trabalho e a vida pessoal, a regra número 13.

RESULTADOS

O caminho escolhido por esses três líderes está longe de chamar assistencialismo ou populismo. Ao contrário. Márcio Fernandes, por exemplo, sempre diz que não dá nada de graça para as pessoas e que a empresa não é uma ONG. Ele procura fazer com que as pessoas acreditem mais no seu potencial e escolham estar ali. Quando assumiu a empresa, ele cansou de ouvir eletricista reclamar que "precisava dormir de botas" tamanho o enfado e a falta de perspectiva do trabalho. Hoje, 1 500 eletricistas da Elektro fazem faculdade à noite (e pagam a mensalidade do próprio bolso). O Magazine Luiza e o Laboratório Sabin contam com benefícios generosos, mas também preferem transferir para o funcionário a responsabilidade pelas suas ações – e seu crescimento. É dessa forma que a empresa gera não só felicidade, mas lucro, equação que o Great Place to Work vem replicando ano a ano. Segundo dados de 2016 da pesquisa brasileira que classificou as 150 Melhores Empresas para Trabalhar, a rentabilidade sobre o patrimônio líquido dessas empresas foi de 9%, contra 3,9% das companhias listadas na Bovespa e ainda contra -4,9% das 500 Melhores e Maiores Empresas no Brasil publicadas na revista EXAME.

Em seu livro Felicidade dá Lucro, Marcio exemplifica seu conceito com números – reforçando os dados acima. “Em menos de dois anos (de 2012 a 2014) tivemos 22% de ganhos de eficiência nos custos operacionais (quase 100 milhões de reais), enquanto o indicador de qualidade dos nossos serviços melhorou mais de 15% sem investimentos adicionais. No mesmo período, vieram os reconhecimentos externos: em 2013, a Elektro conquistou o Prêmio Nacional da Qualidade, concedido pela Fundação Nacional da Qualidade (FNQ). Em 2014, pela quarta vez consecutiva, a empresa foi destaque como uma das vinte companhias mais sustentáveis do país, de acordo com o Guia Exame de Sustentabilidade e obteve -- também pela quarta vez consecutiva -- a confirmação AAA (melhor índice) da Standart & Poor’s, atingindo um EBTIDA de quase 1 bilhão de reais naquele ano.”

Assim como a Elektro, o Laboratório Sabin e o Magazine Luiza exibem resultados extraordinários. A taxa de crescimento anual do Sabin na última década é de 30% e o número de funcionários acompanha esse crescimento, Dos 470 que “contei” quando conheci o laboratório das doutoras Janete e Sandra, hoje são mais de 4000 pessoas. A expansão também foi territorial. Da capital federal, onde nasceu, o Sabin hoje está presente nas cinco regiões brasileiras, ocupando nove estados. No total, tem 225 unidades. Em 2016, a receita do Laboratório – que hoje se posiciona como Grupo, já que aumentou seu escopo e oferece também diagnóstico por imagem, vacinação e check-up executivo – cresceu 32%, resultando num faturamento de 740 milhões de reais. A previsão para este ano é bater 1 bilhão de reais.

O Magazine Luiza, recentemente demonstrou uma saúde financeira invejável aos concorrentes do varejo. A rede varejista encerrou o segundo trimestre de 2017 com um lucro líquido de 72,3 milhões de reais, um crescimento quase seis vezes maior que o contabilizado no mesmo período do ano passado (10,4 milhões de reais). A cifra – que foi impulsionada pelas vendas no e-commerce – representam um recorde histórico na companhia.

LEGADO

Tanto Luiza Helena, quanto Janete Vaz e Sandra Costa não estão mais diretamente à frente de seus negócios. Luiza passou a presidência para seu filho, Frederico Trajano, que assumiu a operação do negócio no início de 2016. No primeiro dia útil de 2014, Janete e Sandra promoveram à posição de número 1 Lídia Abdalla, uma das três superintendentes do Sabin, que começou como trainee e contava então com 15 anos de casa. As duas migraram da gestão da operação para o conselho da empresa. A promoção de Lídia representou a coerência no discurso de valorizar a prata da casa – o famoso walk the talk – no jargão corporativo.

A busca por sucessores internos para os cargos de liderança é também um traço comum das empresas excelentes para trabalhar e uma característica dos líderes transformadores. Para isso, é fundamental criar ambientes de confiança e ter um time alinhado aos valores e propósito da companhia. Na Elektro, 100% dos cargos de liderança foram ocupados por gente de dentro – o recrutamento interno, como já mencionado, é estendido a todos os profissionais para todos os cargos. O mesmo vale no Magazine Luiza. Em 2015, 95% das vagas fechadas para a liderança foram via recrutamento interno. Em 2016, 96%.

A ausência das líderes no dia a dia companhia, no entanto, não afetaram em nada o bom ambiente de trabalho – prova disso é que as duas empresas continuam conquistando a confiança do seu time, figurando na lista de melhores empresas para trabalhar, crescendo e lucrando. O nome disso é legado. Quando o CEO ou dono dá o exemplo e se empenha em criar um ambiente de confiança, ele apenas prepara o terreno para que os demais líderes (diretores e gerentes) sigam o caminho. Os gerentes médios da Elektro, do Magazine Luiza e do Laboratório Sabin foram recrutados ou desenvolvidos na cartilha da confiança. O que eles passam para suas equipes é o mesmo sentimento de "estamos no mesmo barco juntos". Essas empresas são excelentes ambientes para trabalhar porque seus líderes (e não apenas o número 1) exercem no dia a dia as regras de confiança e geram nos times o sentimento de pertencimento. E isso não morre tão facilmente, ainda que a fonte de inspiração se afaste do comando. Frederico Trajano, por exemplo, vem introduzindo a cultura digital no Magazine Luiza, com a forte preocupação de manter o calor humano e não se distanciar daquilo que para sua mãe sempre foi o motor da empresa: gente. "As empresas precisam saber por que existem", disse ele no mesmo ciclo de Visitas de Benchmark promovido pelo GPTW Brasil. "O nosso porquê é trazer acesso para muitos o que é privilégio de poucos". Quem não se identificar com o porquê (ou a missão) do Magazine Luiza é melhor se desligar da companhia – sem nenhum pudor ou melindres. "Cultura é inegociável", diz Frederico, replicando a regra número 2 "Viva com Integridade". Por esse motivo, práticas de gestão de pessoas da empresa, como recrutamento, seleção e avaliação de desempenho, estão totalmente atreladas ao comportamento dos seus colaboradores.

Líderes que constroem bons ambientes para trabalhar sabem que precisam de pessoas conectadas aos seus valores, que embarquem juntas no propósito da companhia e busquem o mesmo sentido para a vida. Trabalhar com prazer em busca de algo maior é o que faz a diferença entre o profissional engajado e funcionário padrão. É o que dá alma aos prédios corporativos – e o que faz o negócio se sustentar ao longo dos séculos, por mais volátil, incerto, complexo e ambíguo que o mundo pareça.

INTRODUÇÃO

LÍDERES SÃO IMPORTANTES.

Um líder é o que faz com que o colaborador ame ou odeie seu trabalho. Um líder ruim pode, sozinho, arruinar a experiência no ambiente de trabalho – não importa quanto esforço os líderes superiores façam para construir uma cultura decente. Um bom líder põe o time no caminho certo para uma experiência prazerosa de ambiente de trabalho. Mas um *grande* líder faz ainda mais.

Um grande líder pode construir um ambiente extraordinário para seu time, mesmo quando a maioria das pessoas não descreveriam a organização como um todo sendo um bom lugar para trabalhar. Ele pode assegurar que seu time é forte, leal e comprometido, mesmo quando cercado por outros líderes cujos times estão caóticos e perdendo colaboradores valiosos mais rápido do que substitutos podem ser recrutados. Geralmente, o colaborador não abandona uma organização, mas seu líder. E, quando fica, normalmente é o líder que o mantém lá.

Os sinais indicadores de um time mal gerido são fáceis de identificar: mais "eles" do que "nós" ao falar sobre os colegas; pouca cooperação e esparsa colaboração; sarcasmo; olhos revirados; conversas "paralelas"; resultados aquém do esperado; tanto individuais quanto do time; estresse elevado; alto absenteísmo; rotatividade intensa de colaboradores e o mais notável de todos: um clima pesado.

Os sinais de um time bem gerido são igualmente visíveis. Conversas genuínas; muitos "a gente" e "nós"; cooperação e colaboração; risadas; pessoas que estão bem onde estão; gente feliz e ótimos resultados.

Sabemos o tipo de líder que queremos ser. Ainda assim, algo estranho acontece a muitos de nós quando recebemos a oportunidade de gerenciar. A gente se torna responsável por outras pessoas e luta para criar o tipo de ambiente de trabalho que desejaríamos para nós mesmos. Sabemos os comportamentos e atitudes que valorizamos nas pessoas que nos lideraram – aqueles que fazem com que nos sintamos bem, valorizados, respeitados e felizes. Contudo, muitas vezes temos dificuldade para aplicar esse conhecimento quando lidamos com os *nossos* colaboradores.

Para tentar superar essa dificuldade, muitos líderes ao redor do mundo têm, pelos últimos trinta anos, desenvolvido uma filosofia e uma forma de gerenciar pessoas para a nova realidade da economia do conhecimento. Seu objetivo é despertar o melhor que há nas pessoas, engajar todo o ser delas. Eles sabem que, sem essas pessoas, não teriam um negócio. É lógico, mas nem toda organização percebe isso. Embora a maioria *diga* que seu maior recurso é sua equipe, eles gerenciam os colaboradores como se não fossem essenciais às perspectivas de sucesso – em outras palavras, os colaboradores ficam em segundo plano. Este é um erro gravíssimo e uma oportunidade perdida, porque o que diferencia os melhores empregadores do mundo dos demais é a qualidade dos relacionamentos no ambiente de trabalho. E qual é o fator que determina a qualidade desses relacionamentos? Simplesmente o nível de *confiança* estabelecido entre líderes e seus colaboradores.

A maioria de nós nunca parou para pensar sobre a importância de construir relacionamentos sólidos com nossos colaboradores porque a maioria de nós nunca soube como isso é importante. O pensamento gerencial padrão falhou em acompanhar a evolução das relações no ambiente de trabalho. Na faculdade, ninguém ensina sobre confiança. Ela não está presente nos programas de MBA. E também não figura na maioria dos treinamentos internos. Isso é um problema. Somos ensinados a *gerenciar os recursos* pelos quais somos responsáveis – instalações, maquinário, equipamentos, veículos; aprendemos o que devemos atingir com esses recursos – metas de produção, metas de vendas, padrões de serviço. Mas a maioria de nós nunca foi explicitamente ensinado que a forma de atingir esses objetivos – e o sucesso duradouro como líder – é construir um relacionamento de *confiança* com cada um dos colaboradores.

O dicionário Oxford define confiança como "a firme crença na confiabilidade, na verdade ou na capacidade de alguém ou algo". É a chave para ótimos relacionamento entre líderes e colaboradores e esses relacionamentos são a pedra fundamental da cultura da confiança, sobre a qual todos os excelentes ambientes de trabalho são construídos. Como líder, cada palavra que você pronuncia e toda ação que executa têm potencial de afetar a confiança, tanto positiva quanto negativamente.

Por que esse foco na confiança? Para entender isso, devemos voltar à decada de 1980 a 1990, e uma ideia de livro que se provou ser a semente da revolução global do ambiente de trabalho.

CONFIANÇA E O EXCELENTE AMBIENTE DE TRABALHO

Em 1981, um editor de Nova York ofereceu a dois jornalistas de negócios, Robert Levering e Milton Moskowitz, um projeto desafiador: encontrar as melhores companhias norte-americanas para trabalhar na América, descobrir o que as tornava especiais e escrever um livro sobre isso.

Levering e Moskowitz passaram os dois anos seguintes indo de um lugar a outro dos Estados Unidos e visitando organizações que tinham a reputação de serem boas empregadoras. Seus achados foram publicados, em 1984, em um livro que entrou para a lista dos mais vendidos do *New York Times*: *The 100 Best Companies to Work for in America*.

Eles esperavam que essas empresas se destacassem por conta de um conjunto extraordinário de benefícios e programas voltados aos colaboradores, mas o que descobriram os surpreendeu por completo. Embora tenham encontrado uma ampla gama de práticas generosas e imaginativas, eles rapidamente perceberam que o que tornava esses ambientes de trabalho excelentes era algo muito mais poderoso do que bonificações e benefícios: era o clima.

"Dava para sentir o clima ao passar pela porta", Levering explica. "Muitas vezes, até mesmo pela forma como a recepcionista te cumprimentava. Ou como os colaboradores interagiam uns com os outros nos corredores, de uma maneira tão receptiva e amigável... Entendi que o que era de fato diferenciado nos melhores ambientes de trabalho era a forma como colaboradores e líderes se entendiam uns com os outros. Em particular, observei um nível de confiança extremamente alto entre líderes e colaboradores. Em contraste, ambientes ruins de trabalho são caracterizados pela falta de confiança."[1]

Levering percebeu que o que criava esse clima, o que diferenciava esses ótimos ambientes de trabalho era a qualidade de três relacionamentos interconectados, centrados em cada colaborador individualmente:

1. O relacionamento entre os colaboradores e seus líderes, refletindo o nível de *confiança* entre eles.

2. O relacionamento entre os colaboradores, seus trabalhos e a organização, mostradas no *orgulho* que têm pelo que fazem.

3. O relacionamento que colaboradores desfrutavam uns com os outros, visto como *camaradagem* no ambiente de trabalho.[2]

Tendo em vista tais descobertas, em 1991, Levering fundou, com Amy Lyman, o Great Place To Work Institute, uma organização dedicada a construir e reconhecer excelentes lugares para trabalhar ao redor do mundo. Eu me juntei a eles cerca de dez anos depois. Nossa definição de um excelente ambiente de trabalho não mudou desde então, o que reflete a natureza atemporal dos relacionamentos humanos. Posto de maneira simples, um excelente lugar para trabalhar é aquele onde você *confia* nas pessoas para quem trabalha, tem *orgulho* do que você faz e *gosta* das pessoas com quem você trabalha.

O que aprendemos ao longo dos anos foi que, embora você encontre orgulho e camaradagem em todo time em que a confiança é elevada, não necessariamente encontrará alta confiança em todo time que demonstra grande orgulho e/ou camaradagem. Por exemplo, você pode se sentir orgulhoso de sua contribuição pessoal e do seu time e ainda assim ter pouca confiança em seu empregador, o que contribui para um ambiente de trabalho ruim. E é comum encontrar grande união em ambientes de trabalho ruins – mas é um tipo negativo, frequentemente destrutivo, uma união nós-contra-eles, o tipo de união que você provavelmente veria entre trabalhadores envolvidos em um movimento grevista!

A confiança, por si só, define a qualidade do ambiente de trabalho. Encontre baixa confiança e você estará em um ambiente de trabalho ruim. Encontre um nível alto de confiança e você estará em um excelente. E onde houver um alto nível de confiança, você sempre encontrará um líder excepcional e um excelente lugar para trabalhar.

É impossível para um colaborador ter uma experiência boa e plena em um ambiente de trabalho, a não ser que ele confie em seu líder. Não é algo "se tiver é bom", nem um "extra opcional", relacionamentos fortes entre o líder e o colaborador são o fator chave para criação de ótimos ambientes de trabalho e administrar a performance de negócios de uma organização, o que explica por que os melhores líderes do mundo concentram tanto suas energias em construir relacionamentos de alta confiança com seus times.

Mas por que excelentes ambientes de trabalho são tão importantes assim?

COMO SER UM EXCELENTE LUGAR PARA TRABALHAR BENEFICIA UMA ORGANIZAÇÃO

Os melhores lugares do mundo para trabalhar são mais bem-sucedidos do que seus semelhantes, superando-os consistentemente em todas as métricas importantes do negócio.

Por quase trinta anos, a Great Place to Work pesquisou as várias vantagens que organizações que constroem ambientes de trabalho com alto nível de confiança desfrutam, e a cada ano a Revista *Fortune* publica nossa lista de "100 melhores empresas para trabalhar". Estudos anuais dos quais seis mil organizações participam, representando mais do que dez milhões de colaboradores, em oitenta países, mostram que empresas com alto nível de confiança atraem e mantêm talentos de ponta, inovam mais, oferecem serviços de qualidade superior e apresentam performances financeiras mais fortes.

Forte performance financeira é uma vantagem de organizações de alta confiança. Pesquisas mostram que empresas com culturas de alta confiança consistentemente geram retornos superiores para seus investidores. Por exemplo, a firma independente de investimentos FTSE Russel relata que o retorno no mercado de ações das companhias de alta confiança que são publicamente reconhecidas pela Great Place to Work e pela revista *Fortune*, ao longo de um período de dezessete anos, é quase três vezes maior do que a média do mercado. Um outro estudo relatou que um portfólio dos melhores lugares para trabalhar na Índia superou os índices do mercado de ações indiano em quase quatro vezes durante cinco anos, até 2013.[3]

Um projeto de pesquisa conduzido durante quatro anos por Alex Edmans, da London Business School, baseado na lista de "100 melhores empresas para trabalhar" da revista *Fortune*, provou conclusivamente que o bem-estar dos colaboradores precede a performance financeira positiva.[4] Em outras palavras, cuidar bem de seus colaboradores *causa* uma boa performance financeira.

"As 100 melhores empresas para trabalhar na América entregaram retornos de ações que superam suas semelhantes em dois a três por cento por ano, por um período de vinte e seis anos", disse Edmans em um

TEDx Talk sobre o assunto. "Resumindo: empresas que tratam melhor os colaboradores se saem melhor. E isso muda fundamentalmente a forma como os dirigentes devem pensar sobre estes."[5]

O que traz a discussão de volta para você como um líder! A evidência é clara – trate melhor o seu time e seu time atingirá resultados melhores. Os achados de Edman te deixam livre para ser o líder decente e atencioso que você quer ser, e ele está animado com o que isso significa: "Como líderes, podemos agir responsavelmente sem nenhuma estratégia, sem esperar nada em troca, fazer coisas pelo valor intrínseco, não instrumental. E ainda que a recompensa financeira não tenha sido a motivação para agir eticamente, ela tipicamente acontece."[6] Em outras palavras, faça a coisa certa porque é a coisa certa a fazer, e as recompensas virão.

COMO LÍDERES SE BENEFICIAM DE UM AMBIENTE DE TRABALHO COM ALTO NÍVEL DE CONFIANÇA

Durante nossos anos de pesquisa na Great Place to Work, nós descobrimos que, mesmo em organizações que não são ambientes de trabalho particularmente fortes, líderes que constroem relacionamentos de alto confiança com seus colaboradores e criam experiências positivas no ambiente de trabalho para seus times recebem muito em troca. Esses líderes apontam vários jeitos em que são mais capazes de executar seu trabalho quando constroem um relacionamento de confiança com seus colaboradores:

1. *O time deles pode concentrar toda sua energia em atingir os objetivos do negócio.* Os colaboradores deles não sofrem as várias distrações que são comuns em ambientes de baixa confiança, como políticas internas, comunicação deficiente e falta de clareza acerca das metas.

2. *Eles recebem o melhor que cada colaborador pode oferecer.* Quando as pessoas sentem que estão trabalhando em um ambiente emocionalmente seguro – que protege seu bem-estar físico e mental –, elas se sentem estimuladas a fazer o melhor trabalho possível e querem contribuir ao máximo com suas habilidades.

3. *O time se torna mais do que a soma de suas partes.* Quando sentem que merecem a confiança e, por isso, confiam uns nos outros, os colaboradores acabam vendo os colegas como algo além disso. Eles sentem que pertencem a algo maior do que

si mesmos, e frequentemente usam termos como "time" ou "família" para descrever essa ideia. Esse senso de que "estamos todos juntos nisso" encoraja colaboradores a pensar no bem maior, nas pessoas, em seus times e na organização como um todo, em vez de ter em mente apenas seus interesses individuais.

COMO OS COLABORADORES SE BENEFICIAM DA LIDERANÇA DE ALTA CONFIANÇA

Os líderes não são os únicos que obtêm benefícios de relações de alta confiança com seus colaboradores. Aqui estão apenas algumas das recompensas que seus colaboradores podem desfrutar ao trabalhar em um ótimo local de trabalho:

- *Os colaboradores se adaptam bem e eles se sentem "em casa"*. Os ótimos locais de trabalho têm uma grande reputação e atraem mais candidatos a vagas do que seus pares. Eles também entendem as atitudes e os valores dos colaboradores que melhor atendem às necessidades da organização. Assim, os locais de trabalho excelentes desfrutam uma vantagem tripla: eles sabem o que estão procurando; eles conseguem pesquisar entre um grupo maior de candidatos interessados; e eles são especialistas em encontrar a pessoa certa para cada trabalho. O colaborador que passa na seleção se sente bem-vindo, instantaneamente em casa, e pronto para fazer coisas excelentes.

- *Os colaboradores se sentem respeitados, valorizados e apreciados.* Tendo encontrado as pessoas certas, os locais de trabalho ótimos fornecem um ambiente acolhedor que os saúda, engaja e os mantêm. Com o apoio de seus líderes, os colaboradores desfrutam o equilíbrio entre o trabalho e a vida, a liberdade de se afastar por um tempo, se necessário, e a consciência de que suas contribuições, únicas, são reconhecidas e apreciadas.

- *Os colaboradores encontram significado e prazer em seus trabalhos.* Em locais de trabalho excelentes, os colaboradores experimentam um ambiente de trabalho criativo e inovador que lhes permite impactar a empresa e, muitas vezes, o mundo ao seu redor. Os colaboradores encontram prazer e satisfação em seu trabalho porque entendem como o que eles fazem contribui para os objetivos gerais da equipe.

- *Os colaboradores trabalham duro, mas sofrem menos estresse.* Os colaboradores em excelentes locais de trabalho relatam um maior controle sobre como e quando fazem seu trabalho, e um forte senso de que seus líderes entendem e apreciam a pressão que sofrem em seu trabalho. Estar no controle significa que os colaboradores podem trabalhar duro, muitas vezes com restrições de tempo ou outras pressões, sem se sentirem estressados demais. O trabalho duro e o estresse nem sempre precisam ir juntos. Grandes gerentes entendem isso.

- *Os colaboradores têm mais estabilidade no emprego.* Os excelentes locais de trabalho têm melhores resultados financeiros e superam seus pares em uma ampla gama de critérios de desempenho. A sua maior força financeira, junto a marcas fortes e altos níveis de lealdade do cliente, tornam essas organizações mais resilientes do que seus concorrentes em tempos difíceis. As organizações de alta confiança tendem a emergir mais rápido e mais fortes da crise do que outras empresas com culturas menos colaborativas e respeitadoras, o que dá aos seus colaboradores um grau de isolamento de choques de mercado e consequentes cortes salariais ou demissões.

Todos são beneficiados por relacionamentos de alto nível de confiança no local de trabalho. Sociedade, investidores e clientes. Sua organização, seus colaboradores e você. Então, como você pode desempenhar um papel? Como você pode se tornar um excelente líder de alta confiança?

ENCONTRANDO AS REGRAS DA CONFIANÇA

Eu trabalhei por mais de quinze anos com líderes executivos e seniores em uma grande variedade de organizações em todo o mundo, compartilhando descobertas e ideias únicas do Great Place to Work para ajudá-los a desenvolver seus próprios locais de trabalho. Fiquei intrigado com o motivo pelo qual, mesmo nos melhores locais de trabalho, havia bolsões de infelicidade profunda – equipes para quem a experiência de trabalho do dia a dia era muito diferente da de outros colegas – em uma outra área da organização. Acabei percebendo que os programas desenvolvidos pela diretoria ou pelo RH com a intenção de melhorar a cultura geral do local de trabalho são pouco eficientes se o líder não for forte. Em suma, se você tiver um líder ruim, sua experiência no local de trabalho será ruim, independentemente das intenções positivas dos líderes seniores.

Então procurei entender exatamente o que é que os melhores líderes estão fazendo certo que os demais estão fazendo errado. Estudei cuidadosamente os comentários de quase dois milhões de colaboradores em oitenta países em todo o mundo para entender melhor como os grandes líderes constroem confiança e para identificar as atitudes e comportamentos que têm o melhor impacto sobre a forma como os colaboradores vivenciam o local de trabalho. Descobri que, exceto por algumas variações menores que refletem as normas culturais nacionais, os fatores que um colaborador considera ao decidir se deve ou não confiar em seu chefe são iguais em todo o mundo, independentemente de diferenças de gênero, etnia ou função no trabalho. Em última análise, cada um de nós avalia os mesmos fatores – confiança, verdade e habilidade – ao tomar nossa decisão de confiar, assim como os nossos ancestrais, durante dezenas de milhares de anos. É a natureza humana.

E é aí que entra esse livro.

Nossa pesquisa identificou as atitudes e comportamentos cruciais de construção de confiança que diferenciam os melhores líderes do mundo dos demais. Estes formam as dezesseis regras que, se seguidas, trarão maior impacto positivo em seu relacionamento com seus colaboradores, garantindo que eles o vivenciem como um líder confiável, verdadeiro e capaz. A ótima notícia é que as regras são simples e surpreendentemente fáceis de aplicar. Na verdade, talvez você já faça, e bem, muito do que sugiro neste livro. Isso é o que faz de você um *bom* líder. Mas por que se contentar com o bom quando o ótimo está ao seu alcance?

REGRA 1

EM PRIMEIRO LUGAR, CONFIE

IMAGINE O QUE SEU TIME poderia conseguir se seus colaboradores pudessem trazer tudo de si–- suas habilidades, seus talentos, sua imaginação, sua energia, sua experiência de vida e sua genialidade – para trabalhar todos os dias. Pense no potencial ilimitado que você desencadearia se cada membro da sua equipe fosse livre para fazer seu melhor trabalho e compartilhar suas melhores ideias, sabendo que você os valoriza e os respeita como indivíduos únicos, determinados a deixar sua marca no mundo. Esse é o prêmio que está sendo oferecido quando você confia em sua equipe. Mas somente quando você confia *plenamente* em sua equipe.

E esse é o problema.

Confiar nos outros é perigoso e arriscado porque deixa você exposto. Sua confiança pode ser considerada como adquirida, abusada, mal utilizada, depreciada e explorada. Pode fazer com que você pareça tolo e ingênuo. Isso pode levar a um trabalho de má qualidade, prazos e clientes perdidos – pelo que você é responsabilizado, em última instância –, refletindo mal em você como líder e deixando-o exposto às críticas dos seus colegas e superiores. Ou pior.

Esta abordagem de comando e controle não deixa nada ao acaso: sem decepções, sem falhas e sem surpresas. Mas há uma grande desvantagem nessa abordagem. Não deixa nada ao acaso, não há decepções, falhas ou surpresas! Em outras palavras, você obtém exatamente o que você pede: resultados previsivelmente médios e nenhum esforço discricionário. Exatamente o que qualquer outro líder médio pode alcançar.

Há outro motivo para que muitos líderes hesitem em confiar plenamente em seus colaboradores: confiar nos outros nos torna vulneráveis. A vulnerabilidade pode ser extremamente desconfortável, particularmente para aqueles em um papel de liderança. Sabemos que nossos times precisam que sejamos fortes, e muitas vezes presumimos que, para sermos fortes, nunca devemos mostrar fraqueza ou vulnerabilidade.

Como líder, seria maravilhoso se você pudesse esperar até que cada membro de sua equipe se mostrasse confiável, verdadeiro e capaz – e depois confiar neles. Mas não funciona assim. Para que a confiança se estabeleça, alguém deve fazer o primeiro movimento, então é ele ou você. Os colaboradores têm poucas razões para correr o risco de confiar em você – e eles, em geral, não estão todos igualmente inclinados a confiar. Alguns deles estão dispostos a confiar rapidamente, enquanto outros demoram mais para se aproximar. Embora a opinião de um colaborador sobre você seja obviamente importante em sua decisão de confiar, parte dessa decisão não tem nada a ver com você e tudo a ver com o empregado em questão.

Robert Hurley, professor de administração da Universidade Fordham de Nova York, identificou dez fatores que podem prever se um indivíduo escolherá confiar ou desconfiar de outro.[7] Cinco dos fatores de Hurley merecem uma análise mais minuciosa aqui.

Para começar, *a atitude de um empregado em relação ao risco* tem um grande impacto na disposição em confiar em você ou em qualquer pessoa. Aqueles que buscam riscos confiam rapidamente. Eles não passam muito tempo analisando o que pode dar errado se eles confiarem em você, porque acreditam que as coisas provavelmente vão dar certo. Mas os colaboradores avessos ao risco relutarão em confiar em você, a menos que se sintam no controle da situação. "Não só eles não confiam nos outros", observa Hurley, "eles nem confiam em si mesmos".

O *nível de ajuste* de um colaborador também afeta o tempo que ele leva para construir confiança. As pessoas bem ajustadas tendem a confiar rapidamente – estão confortáveis consigo mesmas e com o mundo ao seu redor, e tendem a acreditar que nada de ruim acontecerá com elas. Um empregado mal ajustado, por outro lado, tende a ver muitas ameaças no mundo, aborda todas as situações com certo grau de ansiedade e levará mais tempo para confiar em você, não importa qualquer bem que você faça.

O *poder relativo* é o terceiro fator interno na decisão de um colaborador de confiar. Você tem o poder no relacionamento com cada um de seus colaboradores. É assim que é. É relativamente fácil para você depositar confiança nos colaboradores porque é você quem dá as cartas. Você pode sancioná-los se eles violarem sua confiança. Mas quais opções os colaboradores têm se você os trair? Eles não têm autoridade para fazer nada além de retirar sua confiança e resolver ser mais precavido no futuro. Seus colaboradores instintivamente entendem essa vulnerabilidade e, por isso, ficarão menos confortáveis em confiar em você.

Outro fator relevante na decisão de um colaborador em confiar é a *segurança*. Em outras palavras, a questão-chave para o colaborador é: *o que está em jogo*? "Quanto mais ele tiver a perder, menos propenso será em confiar ", explica Hurley. "Se ele se perguntar qual é o pior que pode acontecer e a resposta não for tão assustadora, é mais fácil que confie." Por exemplo, os colaboradores são mais propensos a confiar quando você está decidindo sobre promoções do que quando está considerando demissões.

Finalmente, de acordo com Hurley, o quão *semelhantes* você e seus colaboradores são também faz uma grande diferença em sua decisão de confiar em você. Todos somos mais rápidos em confiar em pessoas com as quais podemos nos relacionar, e nos relacionamos mais facilmente com pessoas "como nós", pessoas que compartilham nossos valores, interesses e perspectivas. As pessoas que são como você, então, são mais propensas a confiar em você. Porém, enquanto é mais fácil ganhar a confiança de uma equipe construída espelhada em sua imagem, há uma vantagem importante na diversidade. A McKinsey, empresa global de consultoria em gerenciamento, relata que as organizações com uma mão de obra diversificada e inclusiva gozam retorno sobre o patrimônio 53% mais elevado, e os lucros são 14% maiores quando comparado aos das empresas menos diversificadas e inclusivas.[8]

Esses cinco fatores mostram o quão desafiador é para os colaboradores confiarem em você e por que é improvável que eles façam o primeiro movimento quando se trata de construir confiança entre vocês. Eles são mais propensos a aguardar e tomar sua decisão de confiar com base em como *você* se comporta durante meses ou até mesmo anos. Mas você não pode se dar esse luxo. Você precisa de confiança se quiser usufruir todo o potencial de seu time. Então, faça o primeiro movimento. Fazer isso não o torna fraco. Sua verdadeira força reside em ter a coragem de mostrar humildade, abertura e vontade de ser o *primeiro a confiar.*

Sim, ser o primeiro a estender a confiança é arriscado; *pode* dar horrivelmente errado. Mas não se você fizer isso corretamente. Os problemas geralmente ocorrem quando você oferece confiança *cega,* ou quando confia e espera pelo melhor – talvez isso seja melhor descrito como uma confiança *tola*. Esse é o tipo de confiança que sempre vai gerar problemas para você.

Imagine que seu filho de dezoito anos pede sua ajuda para aprender a dirigir. Você confia nele, e com razão. Ele é um adolescente responsável: trabalha por meio período há anos, cuida bem dos seus irmãos e sempre se esforçou para ir bem na escola. Você joga as chaves nas mãos dele, dizendo: "Pegue meu carro, filho. Eu confio em você para descobrir como tudo funciona. Você nunca me decepcionou antes. Aproveite!" Essa é uma confiança *cega e tola*. Embora seu filho tenha provado ser confiável em várias situações, ele não tem o treinamento nem a competência necessárias para que o carro pode ser confiado a ele. Sua confiança é injusta com ele, e o levará ao fracasso. E isso é injusto com você pela mesma razão.

O conceito de *Regras da confiança* é oferecer confiança inteligente: a quantidade certa de confiança dada à pessoa certa, no momento certo. Por exemplo, atribuir um grande projeto a um colaborador entusiasta e capaz, mas relativamente novo; compartilhar informações confidenciais sobre o desempenho da empresa com seus colaboradores; permitir que um colaborador assine as despesas de seus colegas quando você estiver fora do escritório. A extensão da confiança inteligente é um processo gradual, em que o sucesso gera sucesso e os inevitáveis retrocessos são menores e controlados. Você celebra o sucesso, lida com retrocessos e prossegue sem transtornos.

Abri este capítulo convidando você a imaginar o que sua equipe poderia alcançar se pudesse trabalhar em seu pleno potencial. Pode parecer fantasioso, mas é realista e realizável quando confia plenamente em si mesmo ao confiar plenamente em seu time. As regras do restante deste livro oferecem orientação específica sobre como construir confiança com seus colaboradores. A regra 1, no entanto, é a mais importante: confie primeiro. Você é o líder, então depende de você.

PONTOS-CHAVE

- Ser o primeiro a confiar faz com que você se exponha e se torne vulnerável – e isso também demonstra sua força.
- As pessoas tendem a confiar em pessoas que são como elas. É tentador contratar colaboradores que são semelhantes a você porque provavelmente confiarão mais rápido em você. Mas tenha cuidado: não sacrifique os muitos benefícios que uma equipe diversificada traz.
- Não confie cegamente nos seu colaboradores. Em vez disso, oferece confiança inteligente – a quantidade certa de confiança, dada à pessoa certa, no momento certo.

REGRA 2

VIVA COM INTEGRIDADE

VIVER COM INTEGRIDADE SIGNIFICA SER fiel à sua palavra em tudo o que faz. Isso significa que as pessoas podem confiar em você porque você faz o que diz que fará. É fazer a coisa certa, mesmo quando ninguém está vendo, e mesmo que ninguém jamais descubra se você fizesse a coisa errada. Isso significa que você representa alguma coisa, mesmo que venha a perder tudo no processo. Em suma, viver com integridade revela seu verdadeiro caráter. Como o lendário técnico de basquete John Wooden disse: "Se preocupe mais com o seu caráter do que com sua reputação, porque seu caráter é o que você realmente é, enquanto a sua reputação é apenas o que os outros pensam que você é."

No local de trabalho, a integridade importa porque a forma como você se comporta com seus colaboradores, clientes, vendedores e fornecedores mostra o padrão de comportamento que você espera deles.

A maioria das pessoas tem um forte senso de certo e errado e, instintivamente, sabe o que é certo quando se trata de uma simples questão objetiva, mas sente dificuldades quando se encontra em áreas cinzentas e casos extremos. Diante da incerteza e dos dilemas morais, seu time acompanhará sua liderança. Aja com a maior integridade e você inspirará seus colaboradores a fazerem o mesmo. Mas quando você compromete sua integridade para obter vantagem comercial ou pessoal, cria espaço para que outros façam o mesmo. A "coisa certa a se fazer" é muitas vezes também a "coisa difícil de fazer" e é por isso que, sem uma liderança forte, alguns colaboradores podem ceder à tentação de seguir o caminho da menor resistência.

Claro, você não deve fazer o que é certo apenas para dar um bom exemplo, ou porque seus colaboradores estão observando você. Você deve fazer o que é certo para mostrar quem é, no que acredita e quais valores são importantes para você. Quando você vive seus valores, o que você faz e o que você diz estão em sincronia. Mesmo que você presuma que a maioria dos seus colaboradores faria o que é certo, independentemente de como você se comporta, eles simplesmente não confiarão em você se eles não o virem seguindo os melhores padrões de ética possíveis. Eles avaliarão seu comportamento e atitudes, e cada um deles formará sua própria visão sobre se você é digno de sua confiança.

A confiança é sobre sua confiabilidade, que é baseada em sua previsibilidade – o grau em que seu time pode prever o que você fará ou como reagirá em qualquer situação. Quando os colaboradores conhecem você como uma pessoa íntegra, que tenta sempre fazer o que é certo, você se torna mais fácil de prever e, portanto, mais fácil de confiar. Em suma, quanto mais estritamente você adotar um conjunto claro de valores, mais previsível e confiável se tornará aos olhos de seus colaboradores, e mais eles confiarão em você.

Atuar com integridade no trabalho nem sempre é fácil. Pode haver diferenças entre o que uma organização considera aceitáveis e o que você considera aceitável. Assim como cada um de nós desenvolve valores e moral que permanecem consistentes ao longo do tempo, cada organização tem seus próprios padrões e códigos de comportamento, sua própria cultura, "a maneira como fazemos as coisas por aqui".

Você também tem uma "cultura pessoal", o que você representa e o que você acredita. Independentemente da cultura de qualquer organização para a qual você trabalhe, fique fiel à sua cultura pessoal. São as violações do seu código pessoal que incomodarão sua consciência, mantê-lo acordado à noite e, em última instância, prejudicarão sua reputação merecida. Em outras palavras, enquanto cada organização tem seu próprio propósito e sua própria compreensão de como alcançar esse objetivo, você também tem. Jamais comprometa seus próprios valores pelos valores de qualquer empregador.

Aqui estão algumas maneiras práticas de atuar com integridade no trabalho:

- *Seja o que você quer que seus colaboradores sejam.* Em outras palavras, seja justo nas decisões do dia a dia. Não abra exceções, aponte dedos ou culpe terceiros. Assuma a responsabilidade por seus erros e fracassos.

- *Seja honesto e ético em tudo que fizer.* Fale com sinceridade, seja consistente e claro sobre seus padrões éticos, argumente mesmo que seja arriscado e desafie qualquer sistema que encoraje a desonestidade ou recompense comportamento antiético.

- *Certifique-se de que seu time também trabalhe de acordo com os mais altos padrões de comportamento ético.* Encoraje as pessoas a falar e expressar suas preocupações sobre práticas questionáveis. Revise questões éticas com o seu time.

- *Mantenha uma atitude positiva e respeitosa ao desafiar o status quo.* Se você estiver certo, deixe que a força de suas palavras prevaleça. Encoraje e apoie outros a expressar suas opiniões, especialmente quando suas perspectivas se opuserem às suas. Mantenha a mente aberta ao receber objeções – mesmo quando você sinceramente acredita que está certo, pode estar errado.

- *Estabeleça um código de valores e comportamentos especialmente para o seu time e com o qual cada membro possa se comprometer.* Defina padrões para as funções de todos em sua equipe e responsabilize-os. Se você os mantiver fieis a um alto padrão, logo eles se manterão em um padrão mais alto também.

Viver com integridade requer coragem. Coragem para falar quando seu ponto de vista está em desacordo com a perspectiva de um líder sênior ou desafiar o *status quo*. Coragem para recusar oportunidades de ganhar dinheiro que sejam eticamente suspeitas. Coragem para ser diferente. E coragem para arriscar uma perda pessoal quando seu código pessoal exige que você se posicione.

Viver com integridade vale o sacrifício. São necessários anos para construir uma boa reputação, mas uma decisão mal considerada ou ruim pode destruí-la em segundos. Você só tem uma reputação. Torne-a excelente – e duradoura.

PONTOS-CHAVE

- Seus valores não são negociáveis. Se uma decisão ou uma atitude não parecer certa, provavelmente não é. Não se comprometa e não tente silenciar sua voz interior. Escute-a.
- Se tiver que escolher entre os valores da organização e os seus, escolha os seus. O sucesso real começa com o conhecimento de quem você realmente é.
- Em questões que envolvam a integridade, aja como se o mundo todo estivesse observando. Porque está.

REGRA 3

CUMPRA SUAS PROMESSAS

Você já esteve em um relacionamento com alguém que não cumpre suas promessas? Se assim for, duvido que você descreva o relacionamento como bom, e estou certo de que não o descreverá como ótimo. Por quê? Porque nenhum de nós pode confiar em uma pessoa que é inconsistente ou age imprevisivelmente. E se você não pode confiar em uma pessoa, nada que valha a pena é possível. O fato de que elas às vezes fazem o que prometem não é nada, porque é sempre precedido de incertezas e muitas vezes seguido de desapontamentos. Como um cão que morde você às vezes.

Então, por que tantos líderes não são tão confiáveis quanto eles gostariam de ser? Por que muitos deles não conseguem fazer o que dizem que farão? Porque as promessas são como bebês: fáceis de fazer, mas difíceis de manter.

A maioria dos gerentes mantém suas grandes promessas. Os colaboradores esperam ser pagos integralmente e em dia todos os meses – e geralmente são. Se uma avaliação anual de desempenho é prometida, geralmente acontece. E quando um pedido de férias é aprovado, eles normalmente conseguem desfrutar o benefício.

O problema reside principalmente nas *pequenas* promessas. Ou pequenas promessas *quebradas*, para ser preciso. As promessas quase não percebidas, casuais, as "eu-não-posso-acreditar-que-você-considerou-isso-uma-promessa". Poucos líderes deliberadamente se propõem a enganar seus colaboradores. A questão é que os líderes e colaboradores geralmente têm diferentes interpretações do que constitui uma promessa. Como a beleza, a promessa está no olho de quem vê. Goste ou não, é uma promessa se o seu *colaborador* a toma como uma promessa. A maioria de nós faz promessas sem perceber. E porque não as vemos como promessas, talvez não as mantenhamos.

"Vamos nos encontrar às dez" é uma promessa.

"Eu vou pedir ao Mike para treiná-lo nesse processo" é uma promessa.

"Eu te respondo em cinco minutos" é uma promessa.

"Deixe-me pensar sobre isso" é uma promessa.

"Eu vou falar com meu chefe e te responder" é uma promessa.

"Vou providenciar para que você seja convidado para a nossa reunião semanal de produção" é uma promessa.

Não é coincidência que muitas dessas promessas envolvam cumprir um prazo ou dedicar um tempo aos empregados e seus pedidos. Os líderes estão ocupados, geralmente trabalham sob a pressão do tempo (o que mais precisamos e menos temos). Mas isso é um fato da vida, não uma desculpa.

Então, o que você pode fazer para garantir que manterá suas promessas, grandes e pequenas? Napoleão Bonaparte estava certo ao dizer: "A melhor maneira de manter sua palavra é não dá-la." Parece cínico, mas se você fizer menos promessas, também quebrará menos promessas. Lembre-se que o que pode ser apenas um comentário informal para você pode ser ouvido por seu colaborador como uma promessa séria e tomada literalmente. Então, faça uma pausa e pense nessas coisas antes de fazer uma promessa:

- *Pergunte a si mesmo: "O que é realmente necessário aqui?" antes de fazer sua promessa.* Muitas vezes, prometemos muito por conta do desejo genuíno de ajudar. Então, nos comprometemos a dar uma resposta "até o final do dia", quando "até o final da semana" teria sido igualmente aceitável. Prometa menos e faça mais. Ainda que seja um clichê, não é menos verdadeiro por causa disso.

- *Esclareça sua promessa.* Não deixe espaço para dúvida ou ambiguidade sobre com o que exatamente você está se comprometendo. Leve o tempo necessário para confirmar a compreensão mútua do que você promete. Caso contrário, você pode ter sucesso em cumprir o que *você* entendeu que prometeu, mas decepcionar a outra pessoa, que não recebeu o que *ela* ouviu que receberia.

- *Anote todas as promessas.* Nós quebramos algumas promessas porque, desde o começo, não eram realistas. Nós quebramos outras porque nem percebemos com o que nos comprometemos. E quebramos algumas promessas devido a uma mudança nas circunstâncias, como uma doença, uma emergência ou outra situação imprevista. Mas muitas vezes nós as quebramos simplesmente porque nos esquecemos. Anote os compromissos que você assume na sua agenda ou no seu calendário, ou mantenha uma lista separada — o que funcionar melhor para você. Em qualquer caso, anote-as sempre no mesmo lugar e revise sua lista regularmente para garantir que nada passe despercebido.

Sua capacidade de manter promessas às vezes depende de outras pessoas manterem as promessas que fizeram a você. Se você não tem certeza de que eles cumprirão as promessas que fizeram a você integralmente e no prazo combinado, deixe isso claro em quaisquer compromissos que assumir com sua equipe. Você só pode controlar o cumprimento das *suas* promessas. Você pode tentar influenciar seus colegas para cumprir as deles, mas as falhas deles não devem se tornar as suas desculpas, porque sua equipe irá responsabilizá-los pelos compromissos que não cumprir, mesmo que não seja culpa sua.

De toda forma, se você realmente não puder cumprir uma promessa que fez, informe seu colaborador o quanto antes. A maioria de nós não se importa com uma promessa ocasionalmente quebrada; são o silêncio, a ignorância fingida e a indiferença que nos perturbam. Se você honestamente não tem como honrar um compromisso, informe a outra pessoa na primeira oportunidade. Se você for confiável, provavelmente essa pessoa te dará o benefício da dúvida e não verá isso como uma promessa quebrada, mas um compromisso adiado. Se você tiver que quebrar uma promessa, pense duas vezes antes de assumir um novo compromisso para compensar isso. Todos percebemos eventualmente que uma promessa é tão confiável quanto a pessoa que a faz, e nenhum de nós pode confiar em uma pessoa da qual não podemos depender. É simples assim.

PONTOS-CHAVE

- Pense antes de prometer. Para quebrar menos promessas, faça menos promessas. Um simples "não" hoje é melhor do que uma longa desculpa amanhã.
- Esclareça a promessa. Certifique-se de que cada um tenha uma compreensão mútua de seu compromisso.
- Se você não tiver outra alternativa senão quebrar a promessa, informe os afetados o mais rápido possível.

REGRA 4

SEJA ACESSÍVEL E RECEPTIVO

A QUALIDADE DE QUASE TODAS AS relações no local de trabalho é decidida por quão bem as pessoas envolvidas podem se comunicar entre si.

A comunicação é o ato de transmitir informações, ideias ou pensamentos de uma pessoa para outra. É também o processo pelo qual alcançamos *entendimentos* uns com os outros. Quando dizemos que desfrutamos "boa comunicação" uns com os outros, queremos dizer, literalmente, que somos bons em trocar informações, ideias e pensamentos. Mas o que realmente queremos dizer não é bem que compreendemos as *palavras* que a outra pessoa usa, mas que nós "nos entendemos". Então, quando falamos sobre a qualidade da comunicação de dois sentidos no local de trabalho, nos referimos ao quanto as pessoas se entendem.

A comunicação efetiva de dois sentidos está no cerne do local de trabalho de alta confiança. Quase todo aspecto de cada relacionamento prospera quando a comunicação é boa, enquanto uma comunicação dois sentidos ruim torna tudo mais difícil e, algumas coisas, impossíveis. Muitos problemas que à primeira vista parecem sintomáticos de outra coisa têm suas raízes em uma comunicação fraca. Por exemplo, quando os colaboradores se queixam sobre a injustiça das promoções, ou aumentos decepcionantes de salário, ou alocações de trabalho não razoáveis, ou qualquer outra coisa "injusta", é quase inevitável que a raiz do problema – e, portanto, o problema *real* – seja uma comunicação fraca.

A chave para uma comunicação de dois sentidos eficaz entre você e cada um de seus colaboradores é ser acessível. Você já cria oportunidades para conversar com seu time, como checagens individuais ou reuniões de equipe. Essas oportunidades são importantes e valiosas, mas você as controla, assim como o que é falado. Como as conversas iniciadas por seus colaboradores têm uma dinâmica diferente, estes devem estar confortáveis ao se aproximarem de você, confiantes de que se eles precisarem conversar com você sobre algo importante, você lhes dará o tempo e a atenção necessários.

Quando seus colaboradores te enxergam como alguém abordável e fácil de conversar, a propensão deles em iniciar uma discussão com você é maior. As conversas tranquilas que se seguem te ajudam a desenvolver uma proximidade que vai além do arranjo designado "líder-colaborador" — uma característica distintiva de uma relação de trabalho de alta confiança.

Sua acessibilidade não ajuda só seus colaboradores. Como não pode estar em todos os lugares ao mesmo tempo, você precisa que os membros de sua equipe sejam seus olhos e ouvidos, e eles precisam saber que podem compartilhar preocupações e alertá-lo para problemas menores antes de se tornarem grandes. Se não for fácil se aproximar de você, há um maior risco de que os colaboradores o deixem no escuro se as coisas derem errado, envolvendo você apenas quando o problema já tiver crescido.

Como a maioria dos líderes, você provavelmente afirma ter uma política de portas abertas para que os colaboradores saibam que podem se aproximar a qualquer momento. (Esta é uma aposta segura: nunca ouvi um líder se orgulhar de uma política de "portas fechadas".) No entanto, apesar da prevalência das políticas de portas abertas e da disponibilidade que sinalizam, os colaboradores reclamam consistentemente que é difícil falar com seus líderes.

O que está acontecendo?

O acesso tem menos a ver com a sua porta aberta, e mais com sua *mente* estar aberta. Você provavelmente está muito menos disponível para a sua equipe do que você pensa porque, independentemente de informar aos seus colaboradores que eles têm acesso a você ou manter sua porta aberta, você mostra sua indisponibilidade com sua linguagem corporal e ações. Quando você sempre *aparece* ocupado, correndo de uma reunião para a próxima, ou quando você faz uma careta sutil quando um empregado pede um minuto do seu tempo, sua linguagem corporal envia uma mensagem clara: eu não tenho tempo para você. Se você digita seus e-mails enquanto assiste à apresentação de um colaborador ou enquanto "ouve" a pergunta deste, sua multitarefa sugere que você não está realmente interessado no que o colaborador tem a dizer.

A sua atenção é essencial para uma conversa bem-sucedida. Como você se sente quando um colega continua olhando para a tela ou sobre seu ombro enquanto você está pedindo seus conselhos sobre um problema desafiador? Você sente que ele se importa, que está interessado e quer ajudar? Dificilmente! Quando você oferece a seu colaborador algo diferente da sua atenção total e irrestrita, sua mensagem é: "Tenho coisas importantes em que pensar agora, e você não é uma delas."

Se um colaborador se aproximar de você e "agora" não for um bom momento, sugira uma hora melhor para conversar. Caso contrário, pare o que você estiver fazendo, sente-se, relaxe e aproveite a conversa. A mensagem que você deve enviar é: "Não há mais nada que eu prefira fazer agora mesmo do que falar com você." Dar aos colaboradores toda a sua atenção quando eles pedem para falar com você cria uma vitória para todos. Você começa a ouvir o que está na mente do seu colaborador, ele se sente ouvido e vocês dois se sentem bem.

Ser acessível não é se sentar em seu trono esperando para receber seus colaboradores, mas ser o tipo de pessoa com quem os estes se sentem suficientemente confortáveis a ponto de se aproximar e iniciar uma conversa em qualquer lugar. Para ser verdadeiramente acessível, não espere que seus colaboradores o busquem. Em vez disso, vá até eles.

Uma abordagem popular é o "*management by wandering around* " (algo como "gerenciamento com emprego de caminhadas pelo local de trabalho"), ou MBWA – um estilo de gerenciamento de negócios em que o líder se desloca pelo local de trabalho de forma aleatória e desestruturada, para se manter atualizado sobre o que está acontecendo no negócio e ver como vão as pessoas que estão fazendo o sucesso acontecer. Se os membros da sua equipe estão em um lugar ou em vários locais, saia para que você possa entender e agir melhor sobre seus problemas, ideias e preocupações. Seja visível. Veja como:

- *Reserve consistentemente um tempo para se afastar da sua mesa e caminhar pelo departamento.* Você ainda precisa de um escritório? Você poderia ter uma mesa no mesmo andar em que ficam todos os outros membros da equipe? Ou, caso você seja responsável por pessoas em diversos locais, pode criar uma base em cada um desses lugares para visitá-los com frequência?

- *Torne-se disponível para discussões imprevistas.* Conforme andar pelo departamento, esteja disposto a ouvir, responder honestamente às questões e fazer suas próprias perguntas inteligentes, especialmente formuladas para te ajudar a entender melhor seu time.

- *Crie oportunidades de conversa durante uma refeição.* Marque almoços ou cafés da manhã regularmente com pequenos grupos de colaboradores. Alguns líderes oferecem almoços com "canal aberto", em que deixam claro que toda e qualquer pergunta é bem-vinda. Até que os colaboradores confiem o bastante para abraçar completamente esse conceito, faça você mesmo algumas perguntas, como "O que me faz perder o sono?" ou "Quais são as maiores ameaças que estamos enfrentando?" para definir um tom de candura e abertura.

A política de portas abertas e o MBWA têm uma coisa em comum: um líder acessível com quem é fácil conversar. Ser fácil de conversar ou acessível, no entanto, envolve sentir-se confortável ao conversar com seus colaboradores e colegas. Para alguns líderes isso é fácil, enquanto para outros é uma das coisas mais difíceis que devem fazer todos os dias. Por exemplo, falar com os outros geralmente vem naturalmente aos extrovertidos, enquanto os introvertidos se esforçam ao extremo para reduzir o fosso entre boa vontade e boa comunicação.

Claro, a maioria de nós não é totalmente um extrovertido ou um introvertido, mas algo intermediário. Independentemente de onde você ficar nessa escala, use seus pontos fortes e gerencie suas fraquezas para que se torne o melhor comunicador bilateral que pode ser, sem deixar de se sentir relativamente confortável em sua própria pele e de ser totalmente autêntico. Se você se sentir desconfortável ou tiver dificuldade em falar com seus colaboradores, siga estas técnicas simples para ajudá-lo a melhorar suas conversas:

- *Sorria.* Nada expressa melhor que você é aberto e acessível do que um sorriso sincero. Um sorriso vale mais do que mil palavras.

- *Compartilhe.* Compartilhar informações ou histórias frequentemente ajuda os outros a verem você como alguém acessível, contribui para a construção da confiança e para a criação de uma relação. Pequenas pílulas da sua vida fora do trabalho funcionam perfeitamente – você não precisa revelar os segredos da sua família.

- *Observe sua comunicação não verbal.* Líderes mais reservados às vezes parecem desinteressados ou distraídos porque mostram poucos sinais de que estão ouvindo. Pratique táticas e métodos de comunicação. Ouvir não é suficiente: você deve ser visto ouvindo. Assinta com a cabeça quando estiver de acordo com algo. Mantenha contato visual. Faça perguntas e verifique a compreensão.

- *Gerencie sua proporção de "falar e ouvir".* Esta proporção é o tempo que você gasta falando em qualquer conversa, em relação ao tempo que você passa ouvindo. Por exemplo, ao delinear sua visão do futuro para a equipe, sua proporção será alta; você falará a maior parte do tempo, se não todo, da conversa. Mas se um colaborador precisar de seus conselhos sobre algo que o preocupe, sua proporção deve ser muito menor, porque você deve ouvir bastante. Se você é conhecido como falador e geralmente fica com cerca de 80% do tempo de conversa, obterá resultados muito melhores se falar apenas 60% do tempo e ouvir 40%, em vez de apenas 20%. Fale menos, ouça mais.

- *Fale quando eles estiverem ouvindo.* Jeff Shore, um especialista em vendas e autor, sugere presumir que você tem a atenção da outra pessoa "por não mais do que trinta segundos sem qualquer contribuição deles". Segundo Shore: "Isso é quando sua 'luz' está completamente verde. De trinta a sessenta segundos, você está na zona de 'luz amarela'. Talvez eles estejam ouvindo, talvez não estejam. Fale por sessenta segundos ou mais sem interação e você estará na zona da 'luz vermelha'. Você os perdeu."[9]

Vivemos em um mundo ocupado e nunca há horas suficientes no dia para fazer tudo o que pretendemos fazer. Por mais tentador que pareça ser "eficiente" mantendo nossa cabeça baixa e a porta fechada, sendo multitarefas enquanto conversamos com os outros ou acelerando uma conversa, na verdade, somos menos produtivos. Se você realmente quer ser eficaz e economizar tempo, seja acessível aos seus ativos mais valiosos – seus colaboradores – e torne fácil para eles conversar com você. Acima de tudo: seja um bom ouvinte.

PONTOS-CHAVE

- Esteja totalmente presente ao falar e ouvir seus colaboradores.

- Afaste-se da sua mesa e converse informalmente com seu pessoal todos os dias.

- Seja autêntico no seu estilo de comunicação. Sua personalidade é uma característica, não uma desculpa, e não existe um tipo de personalidade que não possa ter sucesso em se comunicar efetivamente com os outros.

REGRA 5

DÊ RESPOSTAS DIRETAS

Responda às questões dos seus colaboradores de forma clara e completa. Isso os poupa de ter que decifrar suas respostas e descobrir o que você realmente está dizendo, deixando-os livres para concentrar esforços no trabalho.

Mesmo quando você deve fornecer aos colaboradores informações de que não gostarão, é melhor ser direto do que ser indireto ou enrolá-los. Sua equipe – muitas vezes sem estar conscientemente ciente disso – está constantemente avaliando se o que você diz combina com o que faz. Ao dar respostas verdadeiras, você mostra que valoriza a honestidade e a objetividade, e os inspira a fazer o mesmo.

A conversa direta requer coragem, e talvez isso explique por que alguns de nós são, de vez em quando, evasivos ou econômicos com a verdade. Por que às vezes achamos difícil ser direto e objetivo? Muitas vezes, não queremos decepcionar os colaboradores com más notícias. Embora esta relutância seja compreensível, geralmente é equivocada. Quando você explica os motivos por trás de uma decisão que eles talvez não gostem, seus colaboradores, pelo menos, entenderão isso e vão embora com a sensação de que você está tratando todos de maneira justa.

Alguns líderes se sentem desconfortáveis dando algo além de feedback positivo e, por isso, às vezes mentem, enfatizando o positivo e minimizando o negativo, na esperança de poupar os sentimentos de seus colaboradores. Embora o tato seja certamente necessário ao oferecer um feedback construtivo, é fundamental que os colaboradores aprendam a verdade – ou o bastante sobre ela – para melhorar no futuro.

Às vezes, os líderes enrolam. Diante de uma situação perturbadora ou incerta, que pode afetar adversamente o time, eles dizem pouco ou nada sobre isso, esperando que as circunstâncias melhorem. Esse equívoco ou silêncio absoluto abala a confiança e cobra um preço caro a longo prazo. Para manter a confiança, dê notícias positivas e negativas com igual velocidade e honestidade.

Conhecimento é poder. Por exemplo, quando você sabe como fazer algo que outros não sabem, ou quando você sabe algo que seu empregado não sabe, isso é poder. É por isso que, nos locais de trabalho de baixa confiança, os líderes geralmente protegem todas as informações que possuem, acreditando que isso protegerá sua posição e lhes dará uma vantagem. Mas raramente isso acontece. Acumular informações raramente vale a pena, porque a melhor maneira de alavancar informações quase sempre é compartilhá-las generosamente.

Compartilhe informações sobre um problema com sua equipe e talvez você receba sugestões ou possíveis soluções para isso. Informe os colaboradores sobre o desempenho fraco da organização em geral ou um ambiente de negócios desencorajador, e seus colaboradores entenderão o que está acontecendo fora de seu departamento e não serão surpreendidos pelas notícias. Às vezes, os líderes até mesmo retêm *boas* notícias financeiras por medo de que os colaboradores as usem para extrair vantagem. Por exemplo, se a empresa tivera um desempenho excepcionalmente bom no ano anterior, você pode ter medo de que os colaboradores busquem aumentos de salário ou bônus. Mas se os níveis de pagamento já são justos e você oferece uma explicação razoável de como e por que a organização planeja usar a receita extra, os colaboradores de alta confiança entenderão.

Os líderes, por vezes, retêm a informação de seus colaboradores por preocupação sobre o que aconteceria se "saísse" na mídia. Esta pode ser uma preocupação legítima apenas se a informação for comercialmente sensível. Mas se é uma informação que mostra a organização em uma perspectiva ruim, em vez de se perguntar como pode manter isso fora da mídia, não deveria o líder se perguntar: "Por que estamos fazendo algo que não queremos que o público saiba? "

Um líder de alta confiança sempre dá respostas diretas. Mas note que ser direto com seus colaboradores não é o mesmo que dar a eles a informação que pedem. Há muitas circunstâncias em que você pode escolher não falar ou está proibido de fazer isso: quando a resposta exigiria a divulgação de informações financeiras sensíveis; informações pessoais ou relacionadas ao trabalho sobre você ou outro colaborador; ou informação que, francamente, não diz respeito a essa pessoa.

Inevitavelmente, haverá momentos em que você não terá liberdade para compartilhar informações que possui e, obviamente, nesses momentos, você deve respeitar a confiança que os outros depositaram em você e manter o sigilo, por mais difícil que seja ou por mais desconfortável que se sinta. Mas não deixe o segredo ser sua postura padrão. Seja aberto, mantendo a informação em sigilo somente quando for especificado, solicitado ou claramente a coisa mais sensata a fazer.

Se você não souber a resposta para uma pergunta ou não puder divulgar certas informações, diga isso e se estenda um pouco para não deixar os colaboradores totalmente no escuro. Por exemplo, diga: "Eu não tenho essa informação, mas vou encontrá-la e compartilhá-la com você", ou "eu tenho essa informação, mas não posso compartilhá-la agora mesmo porque..." Você é um líder, não um político, então compartilhe o que sabe e é permitido compartilhar, e não o que você acha que pode "livrar sua cara".

É bom dar uma resposta quando solicitado, mas é ainda melhor oferecer essa informação sem esperar para ser perguntado. Comunique-se de forma proativa. Os líderes de alta confiança são generosos quando se trata de quando e o que compartilham. Mantenha sua equipe informada sobre questões e mudanças importantes. Atualize-os frequentemente para que recebam informações sobre problemas que afetam seus empregos e o negócio.

No entanto, tenha cuidado para não sobrecarregar seu pessoal com informação demais. Tenha como meta um equilíbrio entre muito pouco e demais. Compartilhe muito pouco, e você cria a suspeita de que algo está acontecendo. Compartilhe demais, e você pode causar confusão. Mas, mais importante, você pode fazer com que as pessoas se desengaje. Se for confuso demais processar as informações que chegam até elas, muitas pessoas simplesmente não se importarão, o que significa que as coisas importantes são enterradas entre os detalhes menos importantes. Então, como você encontra o nível certo? Ouça a sua equipe – eles vão te dizer como você está se saindo.

Às vezes, o que você deixa de fora é mais importante do que o que compartilha. Por exemplo, um grupo de colaboradores de uma grande empresa ouviu rumores de que uma de suas filiais logo fecharia. Mas seu líder assegurou-lhes que não havia nenhuma verdade nos rumores. Algumas semanas depois, os colaboradores ficaram atônitos ao saber que a filial – embora permanecesse aberta – deixaria de oferecer uma gama completa de serviços e que dois terços dos empregados naquele local perderiam seus empregos.

Quando confrontado, o líder justificou sua declaração anterior dizendo que respondera a seus colaboradores, com sinceridade, que a filial não fecharia! Embora os colaboradores de fato não tivessem feito "a pergunta certa" – se a empresa planejava reduzir as operações naquela filial e quantos empregos seriam perdidos –, um líder de alta confiança nunca tentaria justificar a retenção de informações com o argumento de uma pergunta mal formulada. Se é uma mentira direta ou uma mentira de omissão (deixando de lado uma importante informação), ainda é uma mentira. Se você sabe mais do que tem liberdade para compartilhar, diga-lhes isso. A conversa direta envolve tanto a informação que você oferece *sem* ser perguntado, quanto a que você oferece quando perguntado.

PONTOS-CHAVE

- Não espere até ser questionado. Comunique proativamente.

- Não importa apenas o que você diz – o que deixa de dizer também é importante. Criar uma impressão falsa ao omitir propositadamente informação importante é simplesmente outra forma de mentir, e ambas impactam o grau de confiança da mesma maneira.

- Seja claro e generoso com as informações que compartilha. Não se pode exigir confiança sem confiar primeiro.

REGRA 6

BUSQUE NOVAS IDEIAS E SUGESTÕES – E REAJA A ELAS

De acordo com o livro *Organização guiada por ideias,* dos professores Alan Robinson e Dean Schroeder, cerca de 80% do potencial de melhoria de uma organização está em solicitar ideias inovadoras dos trabalhadores da linha de frente.[10] Isso não é surpreendente. Os colaboradores veem o que está funcionando bem e o que pode ser melhorado. Eles experimentam em primeira mão as frustrações que seus clientes sentem. Eles testemunham as oportunidades perdidas e o desperdício de esforço, recursos e dinheiro. Como verdadeiros especialistas em seus empregos, muitas vezes apresentam ótimas sugestões sobre como melhorar a eficiência, economizar dinheiro, melhorar o atendimento ao cliente e aumentar a produtividade. Muitos colaboradores desejam que alguém demonstre interesse por suas ideias. Mas outros deixaram de se importar há muito tempo.

Muitas empresas têm programas de sugestões de colaboradores que os incentivam a oferecer seus conselhos, mas, infelizmente, muitos desses programas simplesmente não funcionam para ninguém.

Então, por que os esquemas de sugestão falham?

Alguns pedem aos colaboradores informação demais para fundamentar sua sugestão ou ideia. Os colaboradores podem ser orientados a descrever suas ideias com detalhes exaustivos ou fundamentá-las com informações técnicas ou financeiras às quais não têm acesso. Outros programas não permitem que os colaboradores relatem um problema ou ofereçam comentários sobre ele, a menos que também tenham uma solução, o que significa que muitos problemas não são relatados – apesar da possibilidade de que outro colaborador ou equipe possa ter a resposta. Finalmente, alguns programas fracassam porque não estimulam nem envolvem os colaboradores.

Os líderes também relutam frequentemente em buscar a contribuição ou a opinião de seus colaboradores porque eles não sabem como processar e dar sentido às informações que podem receber – e se preocupam com a possibilidade de aborrecer o colaborador se colocarem suas ideias à prova.

Em geral, o fracasso dos programas de sugestão tende a seguir um padrão previsível, e em sua raiz está a dificuldade da administração em reconhecer, considerar ou agir de acordo com as ideias dos colaboradores.

No início, honrados por terem sido indagados, os colaboradores enviam entusiasticamente suas ideias. Embora a organização possa implementar algumas sugestões, a maioria é ignorada, fazendo com que muitos colaboradores decidam manter sua próxima ótima ideia para si. Ou pior, eles se desengajam, deixam de se preocupar muito com os problemas recorrentes ou as oportunidades perdidas que poderiam ter destacado anteriormente, pensando consigo mesmos coisas como "não é problema meu" ou "se a gerência quiser saber, eles vão perguntar".

Não é difícil entender por que um líder pode optar por ignorar uma sugestão ou ideia e esperar que ela simplesmente suma. Algumas sugestões são impraticáveis ou inoperantes, enquanto outras podem ser descritas gentilmente como "mal elaboradas". Compreendo a razão pela qual um líder ocupado pode se sentir tentado a enterrar o conjunto de sugestões na parte de trás de um armário de arquivo, em vez de tirar um tempo e discuti-las com os empregados ou dar feedback direto e honesto sobre por que as sugestões não podem ser implementadas. Mas essa não é a solução.

Veja como você pode evitar esse cenário...

Antes de abordar os empregados para pedir sua contribuição, pense sobre o que deseja saber deles. A qualidade da perguntas dita a qualidade da respostas que obtém. Use perguntas abertas para gerar respostas pensativas. Concentre os pontos de vista dos colaboradores em um grande desafio (por exemplo, como cortar os custos de frete internacional) ou peça sugestões sobre um problema específico (digamos, a recorrente falta de estoque).

Peça apenas o mínimo necessário de informações para transmitir suas ideias ou sugestões. Se você acha uma ideia intrigante, sempre pode voltar e pedir mais detalhes. Receba bem as informações sobre os problemas que os colaboradores enxergam no local de trabalho, mesmo sem nenhuma solução aparente. Saber que um problema existe já é metade da batalha.

Envolva seu pessoal – individualmente ou em grupos pequenos – e convide-os a compartilhar suas sugestões sobre como melhorar a forma como as coisas são feitas. Ofereça múltiplas maneiras de contribuir, para que cada colaborador possa usar o canal que melhor lhe convier. Alguns estarão ansiosos para discutir suas ideias cara a cara com você, enquanto outros preferem a distância perceptível que o e-mail oferece. Se os colaboradores já fizerem sugestões nas reuniões da equipe e nas conversas do dia a dia, fique com o que funciona, em vez de iniciar ou tentar ressuscitar um programa mais formal de sugestões de colaboradores.

Se outros líderes tentaram e falharam com iniciativas semelhantes de sugestões de colaboradores no passado, não ignore esse fato. Explique aos colaboradores que você quer contar com seus conhecimentos especializados, reconheça as falhas do passado e peça-lhes que digam como gostariam de contribuir com suas ideias e sugestões no futuro.

Perguntar é fácil. O acompanhamento é que é difícil. Não peça sugestões e opiniões de seus colaboradores se não estiver interessado no que pensam. Não pergunte a menos que esteja totalmente empenhado em responder às suas sugestões e deixar que saibam como planeja usar suas contribuições. Caso contrário, você simplesmente desmoralizará o time e fará com que desejem ter mantido suas ideias para si. Prometa que quando você não puder implementar uma sugestão, sempre explicará o motivo a eles. Mesmo que uma ideia seja impraticável ou inviável, sua equipe respeitará sua conversa direta e feedback honesto. A sua busca ativa por sugestões e ideias aumentará o senso de confiança e colaboração em seu local de trabalho.

PONTOS-CHAVE

- Se quiser respostas excelentes, comece fazendo perguntas excelentes. Questões mais abertas geram respostas reflexivas. As fechadas, não.

- Não espere que a inspiração simplesmente bata. Encoraje os colaboradores a gerar soluções e ideias a partir de um "brainstorming", e de a eles a oportunidade de desenvolver suas melhores ideias depois.

- Dê um retorno a cada sugestão oferecida, não importa quão impraticável pareça. Seja construtivo, atencioso e sensível.

REGRA 7

ENVOLVA AS PESSOAS EM DECISÕES QUE AS AFETAM

A MUDANÇA É INEVITÁVEL EM TODAS as empresas e negócios – e pode ser difícil para aqueles afetados por ela. Frequentemente, não é a própria mudança que perturba as pessoas, mas a percepção da falta de controle ou influência sobre os eventos decorrentes da mudança.

Os líderes de alta confiança entendem isso e criam oportunidades para que os colaboradores participem do processo de tomada de decisões em assuntos que afetam seus empregos ou locais de trabalho. Os colaboradores que estão envolvidos desta forma desenvolvem uma melhor compreensão de por que as decisões são tomadas e uma apreciação da responsabilidade que acompanha a tomada dessas decisões. Eles desenvolvem um senso mais profundo de propriedade de seu trabalho e um senso de responsabilidade pela implementação bem-sucedida de mudanças, porque estão envolvidos no processo de dar forma a elas.

Quase sempre, os empregados devem ter voz em decisões que os afetarão. Infelizmente, parece que isso raramente acontece, o que é intrigante. Os colaboradores têm o maior conhecimento do que seu trabalho envolve, e, portanto, também tendem a ter boas ideias sobre como reparar ou melhorar processos ou problemas relacionados a eles. Buscar a contribuição dos colaboradores sobre as principais decisões que os afetarão faz muito sentido, mas também é a coisa certa e respeitosa a se fazer.

Por exemplo, os locais de trabalho excelentes não são imunes às crises econômicas, e muitos tiveram que recorrer a cortes salariais ou demissões em algum momento do passado. Essas desacelerações econômicas são tempos de incerteza incomum: as circunstâncias podem mudar diariamente ou por hora, os líderes muitas vezes dispõem de pouca informação, mas se espera que tenham todas as respostas, e uma sensação geral de desespero pode se instalar em um local de trabalho. Tive o privilégio de trabalhar em estreita colaboração com muitas grandes organizações em épocas bem desafiadoras, e tem sido fascinante ver como eles agiram em tempos de grande pressão. Por exemplo, quando confrontados com a decisão de reduzir os salários ou demitir pessoas, em vez de esconder ou alegar desconhecimento, líderes de alta confiança desses excelentes locais de trabalho envolveram seus colaboradores desde o início. Eles compartilhavam o que sabiam e eram honestos sobre o que não sabiam. Eles explicaram as pressões e os desafios da situação com franqueza e pediram informações e possíveis soluções ao pessoal.

E os colaboradores não os decepcionaram. Alguns sugeriram reduções gerais em horas para evitar qualquer demissão. Outras equipes sugeriram cortes nos salários para reduzir custos. Muitas organizações conseguiram reduzir os custos sem reduzir o número de colaboradores ou a folha de pagamento a partir de inúmeras iniciativas dirigidas pelos colaboradores. Como mostram esses exemplos, a vontade dos colaboradores de trabalhar com seus líderes para encontrar soluções aceitáveis é o resultado direto do respeito mostrado a estes no passado. Pense nisso como um reservatório de confiança, que o líder e os colaboradores podem completar e no qual podem mergulhar em várias ocasiões. Quanto mais profundo o reservatório, maior a sua capacidade de aproveitar a confiança acumulada em momentos de necessidade.

Então, na próxima vez que uma grande mudança ou decisão aparecer, procure a contribuição de sua equipe. Envolva-os em qualquer decisão que afete o trabalho que fazem: como seu trabalho é feito, organizado, agendado e atribuído, ou o ambiente em que trabalham.

Compartilhe de forma proativa o máximo de informações possível, certificando-se de dizer se você possui outras informações que não pode compartilhar no momento. Explique as circunstâncias que levaram a esse ponto de decisão ou que tornaram as mudanças necessárias. Procure a sua contribuição, mas apenas sobre os aspectos que eles realmente podem influenciar. Se você já decidiu sobre um problema, não finja que solução ainda está sendo discutida. Em vez disso, explique a decisão final e por que você fez isso, e descreva o que ainda está aberto para discussão. Por exemplo, os horários de abertura prolongados podem ser não negociáveis, mas talvez a equipe possa assumir a responsabilidade de moldar os horários de colaboradores por escala. Ou, quando os orçamentos mudarem e uma nova meta de vendas for fixada, você pode explorar opções para alcançá-la com a equipe.

Todo colaborador deve ter a oportunidade de se envolver em discussões e decisões em grupo, mas nem todos os colaboradores têm as habilidades e a experiência necessárias para contribuir plenamente. Os participantes menos experientes podem não entender completamente o que está em questão ou não saber escolher uma dentre várias opções. Não espere o mesmo nível de contribuição de um colaborador recém-saído da faculdade e um mais experiente, já familiarizado com a organização e as prioridades do negócio.

Além disso, aceite que nem todos *querem* participar da tomada de decisões na mesma medida. Alguns empregados aceitarão a oportunidade com entusiasmo, enquanto outros relutarão em contribuir. Embora respeitando o direito de cada colaborador de se envolver apenas o quanto desejar, incentive a participação mais ampla possível. Sua multidão torna-se menos sábia à medida que diminui de tamanho, porque menos opiniões e perspectivas estão disponíveis para o grupo.

Lembre-se de que envolver os colaboradores na tomada de decisão não é o mesmo que "tomada de decisão coletiva". O envolvimento dos colaboradores significa que você procura a contribuição de sua equipe e leva essa contribuição em conta ao tomar sua decisão. Mas *você* toma a decisão. A tomada de decisão coletiva é bastante diferente, e implica que o grupo tomará a decisão em conjunto. Isso não é o que estou sugerindo. Líderes lideram. E isso significa ter a última palavra – e assumir total e completa responsabilidade – na decisão.

Qual a desvantagem de envolver os colaboradores na tomada de decisão? Para começar, envolver os colaboradores leva mais tempo. Os grupos precisam de mais tempo para considerar questões, o que pode retardar sua decisão. Sua capacidade de responder rapidamente o suficiente para uma mudança de circunstâncias pode ser comprometida.

Além disso, envolver mais pessoas em decisões-chave inevitavelmente significa compartilhar dados e informações relevantes, alguns das quais podem ser sensíveis e confidenciais. Compreensivelmente, você pode ter preocupações sobre empregados falando dessas coisas fora de seu grupo ou a organização – quanto mais pessoas sabem de informações sensíveis, maior o risco de vazarem. E há o desafio do precedente – uma vez que você comece a envolver os colaboradores na tomada de algumas decisões, arrisca danos ao moral e ao comprometimento caso os exclua de outras.

Mas, de maneira esmagadora, os benefícios de envolver os colaboradores na tomada de decisões superam significativamente os riscos e possíveis desvantagens. Muitas vezes, os colaboradores resistem às mudanças pois não entendem por que está sendo implementada ou como isso afetará sua vida profissional e pessoal no futuro. Mas se você der aos colaboradores a oportunidade de participar de uma decisão que os afetará, também os ajudará a entender por que a mudança que segue é inevitável e necessária, e você os trará para o seu lado rapidamente.

Mais importante ainda, quando você envolve colaboradores no processo de tomada de decisão, eles se sentem valorizados e fazem o necessário para garantir o sucesso do time. Quando os colaboradores têm uma imagem completa de sua equipe, a organização mais ampla e as decisões com as quais seus líderes devem lidar, eles tomam decisões mais inteligentes no dia a dia. Como os colaboradores sentem um senso de propriedade das decisões-chave e uma compreensão mais profunda do porquê foram feitas, eles não desperdiçam energia criticando ou repudiando decisões que não saem como planejado. Em vez disso, eles trabalham arduamente para corrigir as coisas. E o moral e a motivação são maiores, porque os colaboradores sabem que fazem a diferença para o sucesso da equipe.

É preciso tempo e energia para envolver seus colaboradores no processo de tomada de decisão, mas essa abordagem colaborativa oferece muito mais potencial do que sua alternativa – o gerenciamento por decreto.

PONTOS-CHAVE:

- Quando tiver que tomar decisões difíceis, peça a contribuição de seus colaboradores – mas apenas nos aspectos da decisão que eles realmente podem influenciar.

- A participação dos colaboradores no processo de tomada de decisão significa que você quer ouvir o que eles têm a dizer, não que eles tomarão a decisão. Leve sua contribuição totalmente em conta, mas, como líder, cabe a você a decisão final.

- Nem todos os colaboradores têm habilidades e experiência para contribuir positivamente para a tomada de decisões e nem todos os colaboradores querem participar do processo. Respeite as limitações do pessoal e a vontade de participar, mas encoraje o maior número possível de pessoas a contribuir.

REGRA 8

DEIXE BEM CLARAS AS SUAS EXPECTATIVAS

Seus colaboradores sabem o que você espera deles? Você se sentou com eles e explicou suas expectativas para cada uma das principais responsabilidades? Você compartilhou com eles exemplos específicos de como seria o desempenho excelente em seu papel? E se você fez essas coisas, você está confiante de que a compreensão dessas expectativas corresponde à sua?

Seus colaboradores precisam saber o que você espera deles. Na verdade, eles têm o *direito* de saber, ou como saberão ser bem-sucedidos em seu trabalho? Quando seus colaboradores entendem suas expectativas, podem definir seus objetivos, escolher as prioridades certas e confiar que sabem como estão em relação a você.

Suas expectativas para cada colaborador se dividem em duas categorias: formais e informais. As expectativas formais de uma função são tipicamente expressas como objetivos de desempenho SMART*: específicos, mensuráveis, atingíveis e alcançáveis, realistas e temporais (ou seja, eles têm um prazo ou horário claro). Você também tem expectativas informais diárias sobre como os colaboradores devem se comportar, colaborar e interagir uns com os outros. Em última análise, seus colaboradores precisam saber as respostas às seguintes quatro questões:

- *O que você espera de mim?* Antes de dizer aos colaboradores suas expectativas em relação a eles, escreva essas expectativas. Se você não pode anotá-las claramente, você não pode compartilhá-las claramente, e você certamente não pode esperar que seus colaboradores as entendam. Comece desenvolvendo descrições significativas de trabalho e objetivos de desempenho que descrevem com precisão as expectativas que você tem para seus colaboradores. Revise-as com seus colaboradores de tempos em tempos para manter os objetivos atuais

* A sigla SMART refere-se à *specif, measure, achieavable, real e time-based.*

e relevantes para o trabalho que os colaboradores estão realmente fazendo. Defina esses objetivos e expectativas no contexto mais amplo, para que os colaboradores compreendam o impacto que seu desempenho terá no sucesso da equipe. Certifique-se que eles tenham as habilidades, a experiência, a capacidade e a atitude necessárias para ter sucesso. Finalmente, em cada conversa sobre esses objetivos, verifique se seus colaboradores realmente entendem quais são suas expectativas.

- *Como estou me saindo?* Dê um feedback contínuo. Sente-se regularmente com cada colaborador para falar sobre suas expectativas. Não hesite em oferecer feedback honesto quando o desempenho de um colaborador não atende às expectativas que você definiu para ele. Mesmo os colaboradores conceituados ocasionalmente precisam de ajuda e comentários para se manterem na direção certa.

- *Como estou me saindo no geral?* Embora o feedback contínuo ajude os colaboradores nas tarefas do dia a dia, você também precisa informá-los de forma estruturada como seu desempenho geral está em relação às expectativas que você definiu. Ainda não encontrei o sistema perfeito de revisão de desempenho, mas, independentemente de suas falhas, use-o. Apropriadamente. Cada colaborador tem expectativas – criadas quando foram introduzidos no programa – em relação aos objetivos, avaliação, desenvolvimento e progressão na carreira, e é sua responsabilidade garantir que essas expectativas sejam atendidas.

- *Como posso melhorar?* Não é suficiente dizer aos colaboradores o que estão fazendo de errado ou destacar as áreas em que as expectativas não estão sendo atendidas. Diga-lhes *como* fazer melhor e ajude-os a resolver os problemas com orientação ou treinamento.

Não confie exclusivamente em sessões particulares com colaboradores individuais para estabelecer expectativas e medir o desempenho. Realize reuniões regulares e curtas com sua equipe para avaliar os objetivos departamentais, os esforços do time e os projetos futuros. Comunique expectativas para toda a equipe ao mesmo tempo. Peça ideias e comentários, e leve-os em consideração. Sua equipe apreciará sua flexibilidade quando você ajustar suas expectativas com base em seus comentários honestos, e eles vão trabalhar duro para alcançar objetivos que eles – e você – sabem ser tanto realistas quanto justos.

PONTOS-CHAVE

- Sente-se regularmente com cada colaborador para falar sobre suas expectativas e compartilhe suas ideias sobre como seria o desempenho excelente nessa função.
- Verifique a compreensão pedindo periodicamente aos colaboradores que lhe digam o que *eles* acham que você espera deles e o que *eles* pensam que significa o sucesso na função deles.
- Se a sua empresa tiver um sistema formal de avaliação de desempenho, use-o.

REGRA 9

SEJA ACOLHEDOR AO DAR AS BOAS-VINDAS

VOCÊ ENCONTROU A PESSOA PERFEITA para se juntar ao seu time. Pense no esforço que investiu para encontrá-la, para se certificar de que vai se ajustar perfeitamente à vaga. Agora faça o dobro desse esforço para oferecer a recepção mais calorosa, amigável e mais lendária imaginável. Este é seu grande dia. Mostre-lhe que é um grande dia para você também!

Para você e seus colegas, pode ser algo corriqueiro; é só uma nova pessoa se juntando ao time. Mas para seu novo contratado, hoje é o ponto culminante de um processo que durou meses. Ele detectou a oportunidade de trabalho. Pensou nisso. Completou o processo de inscrição, depois o processo de seleção e, em seguida, o extenuante processo de espera, antes de finalmente receber a ótima notícia: conseguiu o trabalho. Parabéns!

Agora as perguntas do "primeiro dia" começam. Qual é o código de vestimenta? Quanto tempo levará se deslocando até o trabalho? O chefe será bom? Ele vai se dar bem com seus colegas de trabalho? Há muitas outras questões, decisões e planos para fazer. Para o novo contratado, o primeiro dia no trabalho é provavelmente uma mistura de incerteza e nervosismo, juntamente com grandes doses de excitação, energia e entusiasmo.

Então chega o primeiro dia, o estouro do balão. O entusiasmo e a excitação tornam-se constrangedores quando seu novo colaborador percebe que ninguém parece estar esperando por ele. Vinte minutos esperando no saguão, enquanto a recepcionista tenta achar alguém para cuidar de... "O que você disse, seu nome é?" Uma hora sentado em uma mesa esperando que você termine suas reuniões, enquanto sorri estranhamente para desconhecidos curiosos. Imaginando onde fica o banheiro, mas receoso de explorar, caso você venha buscá-lo. E todos estão vestindo jeans – ele sente que está vestido para um casamento. Ou um funeral. O dele.

Eu exagerei um pouco para demonstrar meu ponto de vista. Mas, infelizmente, esta é uma descrição precisa do tipo de recepção que aguarda muitos novos contratados. Existem outras variações, é claro. A recepção ao estilo: "Leia este manual durante o dia todo para ter uma ideia do que fazemos". A recepção ao estilo: "Sente-se com John esta semana e veja o que ele faz". A recepção ao estilo: "Almoce conosco, mas quando você chegar à mesa, não haverá lugar para você».

Existe uma maneira melhor de minimizar a incerteza de um novo contratado, aliviar seu nervosismo, compartilhar sua excitação e alimentar seu entusiasmo. Você só precisa de um plano. Vamos explorar algumas ideias.

COMECE COM UMA ESTRATÉGIA DE BOAS-VINDAS

Desenvolva e documente uma estratégia destinada a garantir que novos contratados se sintam confortáveis, aceitos e bem-vindos a partir do momento em que descobrirem que conseguiram o emprego. Reúna seu time e incentive-o a conversar a respeito de suas memórias do primeiro dia para gerar ideias sobre a melhor maneira de receber uma nova pessoa em sua equipe. Explore o que foi bom e o que poderia ter sido melhor. Monte uma pequena equipe para executar o projeto, incluindo colaboradores de longa data, por sua experiência e praticidade, e recém-contratados, por sua empatia e entusiasmo. Todo mundo tem que ter uma participação pessoal para garantir que essas novas e promissoras alocações se instalem o mais rápido possível e fiquem bem onde estão. Afinal, se elas apenas durarem algumas semanas no trabalho, sua saída afetará a todos na equipe.

SAÚDE O NOVO COLABORADOR ANTES DO PRIMEIRO DIA

Ligue para o novo contratado uma semana ou mais antes de seu primeiro dia de trabalho. Seja entusiasmado e acolhedor. Repasse as informações básicas de que ele precisará: quando e onde aparecer, o código de vestimenta e o plano para o seu primeiro dia. Incentive-o a fazer quaisquer perguntas, por mais triviais que possa considerá-las. Mande um e-mail imediatamente depois para confirmar os detalhes e dar respostas a qualquer pergunta que tenha surgido em sua ligação.

Além disso, considere encontrá-lo para um café ou almoço antes de começar, possivelmente com alguns de seus novos colegas, para acalmar qualquer ansiedade que seu novo colaborador possa estar sentindo. Esse encontro é uma oportunidade de conhecer a equipe em um ambiente social e falar sobre coisas além do trabalho. Além disso, garante que, em seu primeiro dia, ele já conheça alguns de seus novos colegas.

Organize o endereço de e-mail do seu novo contratado assim que ele aceitar sua oferta de emprego. Em seguida, encoraje todos em sua equipe a escrever um e-mail curto para se apresentar e receber seu novo companheiro a bordo. Imagine a surpresa de seu novo colaborador quando fizer login pela primeira vez – provavelmente será a primeira e única vez em sua carreira que ele ficará encantado e grato por encontrar uma caixa de entrada transbordante. Além disso, certifique-se de que ele terá todo o básico, como uma mesa e uma cadeira, um telefone de trabalho e quaisquer cartões de segurança ou chaves necessários no primeiro dia.

CERTIFIQUE-SE DE QUE O NOVO COLABORADOR SEJA BEM RECEBIDO NO PRIMEIRO DIA

Quem o cumprimentará quando chegar? Muitas vezes, a primeira pessoa que um novo colaborador encontrará no primeiro dia será a recepcionista ou o segurança. Deixe esses colaboradores avisados de que um novo contratado é aguardado. Mostre-lhes uma foto e diga-lhes o nome e a função dele. Incentive-os a acolher este novo membro da organização para que, quando ele aparecer na recepção, seja recebido com um reconhecimento caloroso ("Você deve ser a Mary! Bem-vinda ao time!"). Isso fará com que se sinta bem-vindo, especial e valorizado.

Esteja lá. Você é o chefe dele. Dar as boas-vindas a seu novo colaborador pessoalmente é mais importante do que qualquer outra coisa e qualquer outra pessoa naquele momento. Não há nenhuma regra que estabeleça que você deve pedir a um novo colaborador para começar bem cedo na manhã de segunda. Se seu início de semana for ocupado, peça-lhe que comece na terça-feira. E se a sua primeira hora for sempre agitada, peça-lhe que apareça no meio da manhã. Apenas esteja lá, pronto para dar a ele toda a sua atenção. Encontre-o na recepção e o acompanhe. Não o deixe esperando.

DESENVOLVA UM PLANO SOCIAL E DE TRABALHO

Pausas para café e horário de almoço podem ser um problema para muitas novos contratados. Se eles tiverem sorte, terão colegas empáticos que farão questão de incluí-los. Se você tiver certeza de que isso acontecerá em seu local de trabalho, ótimo. Mas se você tiver alguma dúvida, não deixe isso ao acaso.

Planeje a primeira semana do seu novo membro da equipe. Faça uma lista. É tão simples como enviar um e-mail ao seu time perguntando quando eles querem almoçar ou fazer uma pausa com seu novo colega. Pode soar forçado – e talvez seja –, mas não é nem metade da tortura que é passar uma primeira semana constrangido por almoçar sozinho ou tentar se infiltrar grupos estabelecidos. Depois que você fizer isso por alguns novos colaboradores, o processo todo ganhará vida própria, pois aqueles que foram recebidos dessa forma vão replicar a atitude com seus novos colegas.

Acompanhe pessoalmente o colaborador em uma apresentação ao restante da empresa (ou departamento, dependendo do tamanho da sua operação). Ou desenvolva um sistema de amigos. Escolha cuidadosamente alguém para mostrar a empresa à nova pessoa, explicar como as coisas funcionam e quem faz o quê. Assegure que o novo colaborador terá a oportunidade de conhecer seus colegas durante o almoço e intervalos para o café, e ofereça suporte e orientação, conforme necessário.

Faça com que o novo colaborador trabalhe de forma produtiva o mais rápido possível para ajudá-lo na transição mental de estranho para membro da equipe. Convide-o para reuniões relacionadas a sua área de responsabilidade e ajude-o a se envolver. Certifique-se de pedir e ouvir atentamente suas contribuições. Se geralmente as reuniões forem rápidas e enérgicas, dê-lhe seu apoio e encorajamento enquanto se instala e se ajusta à cultura predominante. E, claro, envolva-o em todas as atividades sociais que estejam relacionadas ao trabalho.

Lembre-se de que é igualmente importante acolher pessoas que mudaram de função ou que, vindas de outra área da organização, juntaram-se à sua equipe. Os líderes muitas vezes ignoram essa parte do processo de acolhimento inicial, o que torna tudo mais valioso e apreciado quando acontece.

UM INVESTIMENTO PARA A VIDA

Você nunca terá uma oportunidade melhor de canalizar a energia, o entusiasmo e o comprometimento de um novo membro da equipe – talvez até para cativá-lo para a vida – do que no primeiro dia de trabalho. Estendendo uma calorosa recepção e ajudando-o a se instalar, você envia um forte sinal do valor que dá a esta pessoa, promovendo níveis positivos de camaradagem e níveis mais profundos de engajamento desde o primeiro dia.

É surpreendentemente fácil desenvolver e implementar uma estratégia de boas-vindas que fará uma enorme diferença em como um novo colaborador experimenta sua organização – práticas que o farão contar à família, aos amigos e a qualquer um sobre seu maravilhoso emprego novo, em um organização incrível e com as pessoas mais acolhedoras que já conheceu. Como a maioria das organizações erram na forma como recebem novos colaboradores, as pessoas comentam sobre aqueles que fazem isso da maneira certa.

PONTOS-CHAVE

- Apazigue a ansiedade de seu novo colaborador em relação ao primeiro dia, procurando-o com antecedência. Nesse caso, a familiaridade produz o contentamento.

- Não deixe os primeiros dias do seu novo colaborador ao acaso: planeje-os cuidadosamente. Você nunca terá uma segunda chance de causar uma ótima primeira impressão.

- Lembre-se de que uma nova contratação nem sempre é necessariamente “nova” para a organização. Certifique-se de estender boas-vindas igualmente acolhedoras e calorosas aos colaboradores que se juntam a você vindos de dentro da empresa. É uma ótima oportunidade para definir o tom para esta próxima etapa da carreira deles e mostrar-lhes o que torna sua equipe especial.

REGRA 10

O TRABALHO DE NINGUÉM É "SÓ" ALGUMA COISA

NINGUÉM EM SUA EQUIPE É sem importância ou irrelevante. Ninguém deve se sentir menos parte do time que qualquer outra pessoa, quer trabalhe em período integral ou parcial, tenha vinte anos ou vinte dias de experiência ou esteja em funções permanentes, temporárias ou contratadas. Ninguém deve sentir que sua contribuição vale menos do que a de qualquer outra pessoa, não importa quão insignificante ou básico seu trabalho possa ser. Se sua contribuição desempenha algum papel no sucesso da equipe, é tão importante quanto qualquer outra. E se o trabalho não contribui para o sucesso da equipe, por que o trabalho existe?

Você pode ter uma boa noção de como alguém percebe o valor de sua função – o propósito que encontram em seu trabalho – por sua resposta à seguinte pergunta: "O que você faz?" Se a pessoa responder algo como, "eu *só* limpo o escritório", "eu sou *só* um caixa" ou "eu trabalho *só* meio período", é um sinal claro de que se sente muito menos valorizada em seu papel do que você precisa que ela se sinta.

Por que isso importa? Porque sua equipe só pode ser tão forte quanto o elo mais fraco. Os colaboradores que sentem que sua contribuição dificilmente importa se envolvem e contribuem menos do que poderiam, e isso piora tudo para todos. É do interesse de todos garantir que as pessoas que ganham menos ou ocupam cargos júnior estejam envolvidas em sua equipe e suas atividades no mesmo grau que outras em cargos de posições superiores.

Todo empregado deve sentir que seu trabalho agrega valor, é significativo e faz diferença na vida dos outros. Um engenheiro que cria um poço em uma área desfavorecida e propensa à seca provavelmente sente que seu trabalho é importante. Mas se o mesmo engenheiro tivesse um emprego mantendo a linha de produção em uma fábrica de refrigerantes, ele poderia não se sentir assim e, se solicitado, talvez dissesse que "*só* faz bebidas gasosas". Como o último engenheiro, a maioria de nós trabalha em locais "comuns", fazendo trabalhos "comuns", que não podemos realmente descrever como significativos. Felizmente, fazer um trabalho significativo não é o mesmo que encontrar um significado no trabalho. As pessoas *fazem* um trabalho significativo, por exemplo, servindo de coração a uma causa. As pessoas *encontram* propósito no trabalho considerando o valor que agregam ao fazer o que fazem.

Você não pode tornar significativo um trabalho que não é o intrinsecamente, mas você pode *ajudar* cada colaborador a encontrar propósito em qualquer função que esteja realizando e em todos os locais de trabalho. Veja como:

- *Promova um senso de comunidade.* As pessoas se preocupam com o trabalho e seus colegas, e se inspiram nesse cuidado. Ajude seus colaboradores a ver como suas contribuições afetam a comunidade no local de trabalho. Então, você receberá: "Nós *só* fabricamos bebidas gasosas... *mas* ao manter essa linha produzindo, meu trabalho permite que as quinhentas pessoas que trabalham aqui ponham comida na mesa de sua família todos os dias."

- *Dê autonomia aos seus colaboradores.* Os colaboradores com um alto nível de liberdade e discrição, que sentem que estão usando seus talentos para alcançar seu potencial total, são mais propensos a encontrar propósito em seu emprego. Nosso engenheiro de refrigerantes pode então dizer: "*Só* produzimos bebidas gasosas, *mas* tenho orgulho de dizer que mantive essa linha de produção nos últimos sete anos sem uma única ruptura."

- *Ajude os colaboradores a se orgulharem do que eles fazem e para quem.* Colaboradores de organizações bem respeitadas ou marcas apreciadas geralmente encontram propósito em fazer parte desse sucesso. Lembre aos colaboradores o valor de sua contribuição para o sucesso geral e para a marca da sua empresa. Nosso engenheiro pode dizer com orgulho: "Eu não faço bebidas gasosas. Eu faço Coca-Cola."

- *Deixe-os saber que são parte do time.* Incentive todos a participarem plenamente no trabalho e atividades sociais, especialmente colaboradores que trabalham em turnos noturnos ou remotamente. Os colaboradores de turnos noturnos geralmente se sentem isolados. Os trabalhadores remotos geralmente sentem que os outros os consideram menos comprometidos e menos esforçados do que seus colegas baseados na sede, mesmo que a evidência mostre que tendem a trabalhar mais, mas em horários diferentes, e muitas vezes são mais produtivos porque sofrem menos distrações. Encontre formas de envolvê-los: convide-os para o escritório ou visite-os regularmente e inclua um componente social nessas reuniões. Além disso, mantenha contato frequentemente por telefone.

Meu cliente Dave opera cerca de cem lotes de estacionamento de tamanhos variados pela Irlanda. Seus colaboradores trabalham longas horas, muitas vezes sozinhos em pequenas cabanas ou escritórios, e em todos os tipos de clima. Ele faz pelo menos quatro visitas a cada local todo ano, o que exige que passe horas intermináveis na estrada. Para ficar conectado a cada um de seus colaboradores espalhados, ele os chama durante a condução, apenas para conversar. Sua regra, que é estritamente aplicada, é que eles podem falar sobre qualquer coisa, *exceto* assuntos comerciais: família, futebol, política, o clima.

A empresa de Dave foi reconhecida duas vezes como o Melhor Lugar de Trabalho da Irlanda. É preciso compromisso e energia para fazer todas essas ligações, mas com cada uma, ele ajuda seus colaboradores a se sentirem parte de algo maior, que seu trabalho é importante, que *eles* são importantes, confiáveis e que eles trabalham para uma empresa – e para um chefe – que fazem seu trabalho valer a pena.

PONTOS-CHAVE

- Jamais perca uma oportunidade de ajudar os colaboradores a entender como seus esforços contribuem para o sucesso do resto da organização.

- Deixe que seus colaboradores tenham influência na forma como seu trabalho é feito, para que possam se orgulhar do trabalho e do talento com que o executam.

- Inclua *todos* em atividades sociais e de trabalho para que se sintam parte da "família".

REGRA 11

DEMONSTRE SUA GRATIDÃO

A MAIORIA DE NÓS, NA MAIOR parte do tempo, trabalha duro. Trabalhamos com o melhor da nossa capacidade, muitas vezes fazendo um esforço extra quando necessário. Principalmente, nós fazemos o que fazemos silenciosamente e sem problemas. E, embora não precisemos ou esperamos elogios ou gratidão constantes, é bom quando acontecem.

Infelizmente, poucos de nós recebem agradecimentos ou elogios bons o bastante ou com a frequência desejável. Quando foi a última vez que um colaborador pediu a você que agradecesse com menos frequência ou para pegar leve nos elogios? Precisamente! E duvido que você já tenha sentido a necessidade de fazer um pedido semelhante ao seu chefe.

O reconhecimento é simplesmente fazer os outros se sentirem valorizados e apreciados por seu trabalho. É importante, e é importante fazê-lo direito. Como é frequentemente o caso ao gerenciar pessoas, não é o que você faz, mas como faz isso, que faz a diferença. A autora e especialista em reconhecimento Cindy Ventrice explica em seu clássico mais vendido, *Make Their Day! Employee Recognition That Works*: "Reconhecimento não é uma placa, é o significado por trás da placa. Trata-se de construir relacionamentos e ter um interesse pessoal genuíno nas pessoas e em suas preferências."[11]

Embora muitas vezes falemos sobre "reconhecimento" e "recompensas" no mesmo fôlego, são conceitos bastante diferentes. Ambos são dados em troca de bom desempenho ou esforço e destinam-se a motivar os colaboradores em âmbito individual e coletivo. Mas, embora as recompensas geralmente tenham um custo e ofereçam benefícios tangíveis, como dinheiro, um vale ou uma experiência, os benefícios do reconhecimento são principalmente psicológicos.

Assim, enquanto as recompensas geralmente fazem com que nos sintamos *bem*, o reconhecimento sincero, bem pensado e bem-executado sempre faz com que nos sintamos ótimos! O melhor de tudo, embora você provavelmente esteja sujeito a alguns limites de como recompensar seus empregados – por causa de orçamento ou regras internas, por exemplo –, ao reconhecer, é você quem dá as cartas. Porque o bom reconhecimento não custa nada além do seu tempo, pensamento e esforço.

TORNE-SE UM FAIXA PRETA EM RECONHECIMENTO

Reconhecimentos excelentes começam com uma ótima observação. Para reconhecer um bom trabalho, você deve vê-lo pessoalmente ou ouvir sobre isso de outra pessoa, e isso significa estar presente, conectando-se frequentemente com cada um de seus colaboradores e mostrando interesse pelo que fazem. Esteja ciente dos esforços e dos sacrifícios que cada uma de suas pessoas está fazendo. Saiba quem mostra sua devoção e dedicação, indo regularmente mais alto e mais longe. Acompanhe. Lembre-se, os líderes de alta confiança tratam todos de forma *justa*. Eles não tratam todos *da mesma maneira*.

Os colaboradores recebem atenção pessoal de seus líderes tão raramente que, quando isso acontece, eles percebem. É por isso que o reconhecimento funciona. Então, faça acontecer. Reconheça quaisquer comportamentos que excedam as expectativas. Reconheça contribuições importantes, mas também reconheça muitas "pequenas coisas" que fazem a diferença, como um trabalho bem feito, uma mão amiga ou atendimento perfeito.

Jamais mostre reconhecimento quando não for merecido. Para ser eficaz, o elogio deve ser seletivo. Se você elogia a tudo e a todos, em breve seu elogio não significará nada. Uma boa regra é que se você não pode ser claro e *específico* sobre o comportamento ou a atitude que tornaram possível a realização, provavelmente não é uma boa ideia celebrá-la.

O elogio é uma ferramenta poderosa para os líderes e, embora o elogio genérico seja provavelmente melhor do que nenhum, o elogio mais efetivo é específico para o comportamento ou desempenho do colaborador. Ao reconhecer o trabalho de alguém, fale menos sobre o que foi alcançado e concentre-se em *como* foi alcançado. Por exemplo, não elogie um colaborador apenas por ser um "excelente membro da equipe", mas por "demonstrar um excelente trabalho em equipe, ficando até mais tarde com Mark e Martha para ajudá-los com um pedido urgente do cliente". Isso mostra aos colaboradores que você os aprecia quando trabalham do jeito certo, mesmo que nem sempre isso acarrete os resultados desejados.

Nunca misture elogios e feedbacks na mesma conversa. Seu colaborador só vai ouvir os comentários. Ou as críticas. "Você mostrou grande paciência e bondade para ajudar esse cliente" é um elogio. "Mas da próxima vez, você também pode considerar... " é treinamento. Elogie agora e guarde o treinamento para mais tarde.

Adapte a forma como reconhece cada indivíduo para impedir que seus gestos bem-intencionados sejam mal interpretados. Embora o reconhecimento apropriado seja uma ferramenta motivacional inestimável, um tamanho não se encaixa em todos. Sim, todo mundo gosta de se sentir apreciado, mas nem todo mundo gosta de ser apreciado *da mesma maneira*. Diferentes colaboradores receberão gestos idênticos de forma diferente, dependendo da personalidade e do relacionamento com você. Alguns colaboradores, por exemplo, prosperam em reconhecimento público e elogios, enquanto outros têm vontade de deitar em posição fetal e morrer se forem reconhecidos publicamente.

O reconhecimento não precisa ser grande e caro para ser memorável e significativo. Na maioria das vezes, o gratuito e simples funciona melhor. Ofereça seu reconhecimento com sinceridade, e ofereça-o regularmente. Isso mostra aos seus colaboradores que você os valoriza. Seu elogio é – sem exagero – poderoso o suficiente para mudar vidas! Maya Angelou, poeta americana e ativista dos direitos civis, entendeu isso quando disse: "Aprendi que as pessoas esquecerão o que você disse, as pessoas esquecerão o que você fez, mas as pessoas nunca esquecerão como você fez com que se sentissem."

Enquanto o reconhecimento das contribuições de um indivíduo estimula seu desempenho e aumenta o moral, o reconhecimento do time também é importante e eficaz. Seu desafio é encontrar um equilíbrio entre os dois. Se você se concentrar muito no desempenho individual, minará o trabalho em equipe e criará um ambiente excessivamente competitivo, e seus colaboradores acreditarão que é isso que você mais valoriza. Se você recompensar equipes sem reconhecer contribuições individuais, estará se arriscando a desmoralizar seus grandes empreendedores, fazendo com que se perguntem por que se preocupam em trabalhar tão duro quando todos conseguem compartilhar o elogio. A solução? Reconheça tanto o desempenho da equipe quanto o do indivíduo, sem deixar de promover e recompensar a "cooperação" como um comportamento valioso.

Além disso, lembre-se de demonstrar apreciação por aqueles que estão partindo, seja por estarem se aposentando ou buscando novos caminhos. Aproveitar a oportunidade para agradecer suas contribuições é uma razão suficiente para fazê-lo, mas ao fazê-lo, você também mostra a todos os outros no time como eles podem esperar ser tratados quando chegar a hora de eles partirem. Um líder que ignora ou mal reconhece as contribuições de um colega de saída envia uma mensagem clara a todos os outros que, quando chegar sua hora, eles podem esperar pouca gratidão por esforços e realizações passadas. Por outro lado, o reconhecimento sincero e atencioso envia uma mensagem de valor e apreciação, não apenas para esse colaborador que parte, mas para todos.

AS MELHORES COISAS NA VIDA SÃO (FREQUENTEMENTE) GRATUITAS

Quando se trata de reconhecimento, muitas vezes é a intenção que conta. Nenhum orçamento para bons presentes de Natal? O chocolate quente e as rosquinhas em uma tarde fria de segunda-feira, no final de janeiro, serão mais apreciados e terão um impacto maior do que qualquer outra coisa que você poderia oferecer nas semanas anteriores ao Natal, quando os presentes são comuns. Considere quais outros presentes estão à sua disposição e dentro de sua autoridade: algumas horas fora, um começo tardio, uma liberação antecipada, um dia de folga, uso do seu espaço de estacionamento, um dia em sua confortável cadeira. Tanto faz. O presente em si é muito menos importante do que o reconhecimento que ele confere. Aqui está uma pequena seleção de ideias de reconhecimento que você pode implementar com pouco ou nenhum custo, e sem depender da aprovação de ninguém:

- *Diga "obrigado".* Vá até o espaço de trabalho do colaborador para dizer e ele o quanto você aprecia seu esforço extra.

- *Escreva um bilhete.* Mostre sua apreciação enviando um e-mail pessoal de agradecimento, um cartão ou, para um impacto ainda maior, uma carta escrita à mão.

- *Compartilhe o sucesso do colaborador com toda a equipe.* Quando um colaborador receber feedback positivo do cliente ou você receber um e-mail elogiando um membro de sua equipe por um trabalho bem-feito, não guarde para si. Circule o e-mail para todos na equipe, compartilhe os comentários em uma reunião de equipe regular ou deixe-o à mostra em um quadro de bilhetes de agradecimento.

- *Elogie durante as reuniões da equipe.* Reserve tempo durante as reuniões da equipe para reconhecer e agradecer os colaboradores que se saíram melhor do que o esperado. Mas não elogie só por elogiar. Se você agradecer muita gente com muita frequência, logo ninguém mais vai notar. Quando você não tiver nada que valha a pena dizer, não diga nada.

- *Chame o colaborador para almoçar.* Não se preocupe se tiver um orçamento limitado. A maioria dos colaboradores não se importará com o local ou com o gasto – o que eles valorizam é que você tenha escolhido passar um tempo com eles.

- *Pague um jantar para o seu colaborador.* Alguns colaboradores gostariam de uma refeição com todas as despesas pagas com seu chefe. Outros talvez prefiram desfrutar o deleite com o cônjuge.

- *Faça uma celebração informal.* Pegue um bolo ou uma cesta de frutas ou doces, depois reúna seu time e explique por que você os convidou para esta pequena festa. Ou organize um almoço comemorativo, ou um piquenique. Melhor ainda, se você estiver reconhecendo um colaborador em particular, peça a seu amigo mais próximo da empresa para organizar a celebração, para que ele possa apresentar ideias mais personalizadas e criativas.

- *Comemore o aniversário dos colaboradores.* Ou aniversários de trabalho. Ou ambos. Não há limite de eventos a marcar: o nascimento de uma criança, ou um neto, ou mesmo o nascimento de cachorros ou gatinhos. Lembre-se de que o motivo da celebração é mostrar sua apreciação sobre quem é o colaborador e o que ele traz à equipe. O evento em si é apenas um gancho para "pendurar" sua apreciação.

- *Realize uma semana de saudação aos colaboradores.* Seus limites são somente orçamento e imaginação, nesta ordem. Celebrações de baixo custo e palavras sinceras e bem escolhidas causam um impacto bem maior do que gestos vistosos e clichês vagos.

- *Compartilhe seu reconhecimento com a família do colaborador.* Alguns líderes gostam de enviar um bilhete para a família do colaborador, destacando as valiosas contribuições dele para a equipe. Mas só faça isso se estiver a par das circunstâncias familiares do empregado. Embora possa ser uma ferramenta de reconhecimento altamente eficaz, também traz potencial de desastre. Um bilhete seu para a família de um empregado, reconhecendo o esforço gigantesco e as horas extras que ele trabalhou durante os últimos seis meses, podem revelar-se a última gota em seu relacionamento se suas ausências em casa tiverem sido motivo de estresse contínuo.

- *Organize uma cerimônia de premiação anual para sua equipe.* Deixe a equipe explorar seu lado criativo e planejar o que quer que aconteça. Apresente uma mistura de categorias de prêmios individuais e de equipe – alguns sérios, outros menos. Um certificado emoldurado para cada prêmio é tudo o que você precisa. E o que acha de prêmios personalizados que se relacionem de maneira única ao trabalho que sua equipe desenvolve? Você não está tentando competir com o Oscar. E, de fato, o que vale é mesmo a intenção. Quando você abrir a cerimônia, reserve alguns minutos para destacar os comportamentos de construção de equipe que estão sendo celebrados, mas não se estenda muito nesse tópico. O reconhecimento é importante, mas também é importante a experiência e o prazer de estar em equipe – por isso, nessa ocasião deve haver muitas risadas e diversão!

- *Incentive os colegas a se reconhecerem.* Os colaboradores ganham um novo impulso ao saber que seus colegas apreciam suas contribuições. O reconhecimento de pares funciona melhor quando é conduzido pelo time. Se você for visto como aquele que o está "forçando", há o risco de que seus colaboradores venham a considerá-lo apenas uma outra ferramenta de gerenciamento. Brinque com a ideia de um programa de reconhecimento de pares para sua equipe, e então saia do caminho. Deixe-os decidir como gostariam de fazê-lo – formal, informal ou uma combinação de ambos. Qualquer abordagem serve, desde que atinja os resultados desejados.

OCUPADO DEMAIS PARA AGRADECIMENTOS? PENSE DE NOVO!

O líder de alta confiança faz da apreciação uma prioridade. Não caia na armadilha de acreditar que não tem tempo para fazê-lo. Você talvez esteja dizendo que não tem tempo para gerenciar. Um pouco e muitas vezes funciona melhor, porque o tempo é tudo. Não espere seis meses, até o período de revisão oficial do desempenho. Quando notar ou ouvir sobre um bom desempenho, reconheça! Mesmo que esteja ocupado, não deixe o reconhecimento para mais tarde. Seu trabalho torna-se mais fácil, não mais difícil, quando você investe tempo em reconhecer os esforços e conquistas dos colaboradores.

PONTOS-CHAVE:

- É quase impossível agradecer ou elogiar demais. Lembre-se que, quando se trata de reconhecimento, "gratuito, simples e frequente" é o caminho a seguir.

- Não diga a um colaborador simplesmente que ele fez um ótimo trabalho, mas *como* ele fez esse excelente trabalho.

- Nunca elogie por elogiar. Todo mundo percebe e isso reduzirá o impacto dos elogios sinceros que você fizer dali em diante.

REGRA 12

CONHEÇA A PESSOA POR INTEIRO

VOCÊ TEM UMA VIDA FORA da empresa, assim como todos os membros da sua equipe. Assim como a maioria dos icebergs ocultos sob a superfície, o que você vê de cada colaborador no local de trabalho é apenas uma pequena parte dessa pessoa e de sua vida. Há muitos outros aspectos da vida que são – ou devem ser – mais importantes do que o emprego: família, animais de estimação e passatempos, por exemplo.

Cada um de nós é um indivíduo único e especial, com passado, presente e futuro separados e independentes de nossa persona de trabalho. Cada um de nós tem crenças e valores. A maioria tem responsabilidades com familiares, amigos e vizinhos. Alguns desempenham papéis centrais em clubes, sociedades, igrejas e comunidades. Outros são amantes de animais de estimação, alpinistas, aficionados por quebra-cabeças ou historiadores amadores. Nós, em grande parte, somos bem mais definidos por circunstâncias, responsabilidades e interesses pessoais do que pelo que fazemos para ganhar a vida.

Quando você demonstra interesse sincero pelos membros da equipe como indivíduos únicos e não apenas como empregados, mostra respeito pela complexidade de suas vidas. Ao fazê-lo, prepara o terreno para que eles confiem em você e sua sinceridade em outras ocasiões.

Mostrar interesse pela vida pessoal de seus colaboradores não requer nenhum comportamento intrusivo ou perguntas da sua parte. Alguns colaboradores mantêm cuidadosamente sua privacidade e erguem barreiras claras entre o trabalho e a vida pessoal. Outros fazem pouca distinção entre os dois e ficam felizes em compartilhar com pessoas em quem confiam. Da mesma forma, alguns líderes têm um dom natural em deixar as pessoas à vontade para falarem sobre assuntos pessoais, enquanto outros acham muito difícil. A chave é encontrar um meio-termo em que você e o colaborador se sintam confortáveis e possam ser autênticos.

Seu papel como um líder atencioso é simplesmente demonstrar, por palavras e ações, que entende que cada um de seus colegas é muito mais do que "apenas um colaborador". É menos estar a par dos detalhes minuciosos da vida dos colaboradores, e mais sobre demonstrar seu entendimento de que, seja lá o que esteja acontecendo, é importante para eles e deve ser respeitado.

Aqui estão algumas ideias de como você pode apreciar e respeitar a individualidade de cada membro da sua equipe:

- *Dirija-se ao colaborador por seu nome.* É uma maneira simples, porém poderosa, de mostrar que o reconhece como um indivíduo único. Se você não souber o nome, descubra.

- *Passe pela mesa dos colaboradores que acabaram de voltar das férias.* Pergunte sobre o tempo de folga e atualize-os sobre qualquer novidade – social e profissional – que eles possam ter perdido.

- *Verifique o estado de um colaborador doente.* Quando um colaborador estiver doente, em casa, ligue para perguntar como ele está e se precisa de alguma coisa. Nunca, sob nenhuma circunstância, discuta qualquer coisa relacionada ao trabalho nesta ligação, ou o colaborador atribuirá o gesto a isso. Se você precisar discutir assuntos de trabalho, e caso seja apropriado fazê-lo, faça uma nova ligação.

- *Vá falar com o colaborador quando ele retornar após ter ficado doente.* Pergunte sobre sua saúde, sem ser invasivo, e atualize-o sobre qualquer coisa que tenha acontecido durante sua ausência, particularmente acontecimentos não relacionados ao trabalho, ou notícias.

- *Ligue para os colaboradores que trabalham remotamente.* De tempos em tempos, ligue para os colaboradores que trabalham em casa ou em outros locais, apenas para ver como estão fazendo.

- *Demonstre empatia para com os colaboradores que estiverem passando por um período desafiador.* Se eles estivem planejando um casamento ou esperando um bebê, ou lidando com a morte ou a doença de um familiar próximo, precisarão de sua compreensão e compaixão. Faça o que puder para ajudá-los. Alguns talvez só precisem de um tempo, alguns podem precisar de uma pequena flexibilidade de horários, e outros podem precisar de concessões temporárias, como permissão (e privacidade) para fazer ou atender chamadas pessoais no trabalho.

- *Realmente ouça o que os colaboradores falam sobre sua vida pessoal.* O simples ato de mostrar aos colaboradores que os ouviu e lembrar o que compartilharam demonstra que você se importa. Seja se lembrar de perguntar como o filho de um colaborador se saiu na peça escolar, ou se solidarizar quando o time pelo qual um colaborador é fanático perde, aja a partir do que o colaborador escolheu compartilhar com você.

- *Promova almoços com tópicos relacionados à vida pessoal dos colaboradores.* Os consultores externos geralmente não se importam em realizar gratuitamente sessões sobre questões como planejamento de aposentadoria, nutrição, parentalidade e outras coisas, pois isso pode levar a futuras vendas ou referências. Ou aproveite a experiência de seus colaboradores. E quanto a lanchar, em vez de almoçar, para compartilhar passatempos ou paixões – seja bordado, xadrez ou genealogia – com seus pares?

- *Incentive os colaboradores a decorarem seu espaço de trabalho pessoal.* Dê o exemplo e estimule-os a exibir fotografias e outros itens pessoais, como desenhos dos filhos, lembranças de férias e, claro, os muitos bilhetes de elogio, cartões de agradecimento e certificados que você e seus colegas, inspirados na regra 11, tenham enviado nos últimos meses!

- *Faça pleno uso de eventos sociais que envolvam toda a empresa.* Estes podem incluir dias com as famílias, ou dias de trazer os filhos para o trabalho ou seu animal de estimação. Você mesmo pode organizar um churrasco da equipe ou uma exibição de filmes que inclua a família dos colaboradores.

Cada uma dessas estratégias permitirá que você fique mais próximo de seus colaboradores. Mas é importante lembrar: ao conhecer a pessoa, você pode descobrir detalhes íntimos dela. Você deve guardar segredo sobre *tudo* o que um empregado escolher compartilhar com você.

Pode parecer óbvio que você não deve compartilhar nenhuma informação relacionada à saúde ou quaisquer problemas financeiros pessoais dos quais venha a tomar conhecimento. Mas você não pode presumir que é aceitável compartilhar qualquer outra coisa que um colaborador lhe diga com qualquer outra pessoa. Se ele quiser que outros membros da equipe saibam para onde ele vai nas férias ou que o gato de sua filha está doente, ou que seu cônjuge se juntou a um coral, ele mesmo contará. Ao compartilhar notícias ou informações de outros, você não só arrisca quebrar a confidencialidade, como também tornar-se conhecido como fofoqueiro. E isso seria extremamente prejudicial para seus esforços para construir confiança.

Descubra qual das estratégias anteriores funciona melhor para sua equipe, mas tenha em mente que, como sempre, em excelentes locais de trabalho, não se trata do que você faz, mas como e por que faz isso. Lembre-se de que há muito mais sobre cada membro da sua equipe do que o que você vê no local de trabalho. Demonstre interesse sincero em conhecer todos do time, respeitar a individualidade de cada pessoa, aceitar e celebrar as muitas diferenças que, em conjunto, tornam seu local de trabalho – e as pessoas que trabalham nele –, especial. Tudo mais se ajeitará.

PONTOS-CHAVE:

- A vida pessoal de cada empregado envolve preocupação e alegria, estresse e risadas – assim como a sua. Respeite e apoie cada colaborador da maneira como você gostaria que o *seu líder* o respeitasse e apoiasse.

- Mostre, com palavras e ações, que cada um de seus colegas é muito mais do que "apenas um colaborador".

- Mantenha o sigilo de tudo que um colaborador escolhe compartilhar com você. *Tudo*.

REGRA 13

AJUDE SEUS COLABORADORES A ENCONTRAREM O EQUILÍBRIO ENTRE O TRABALHO E A VIDA PESSOAL

O TRABALHO AFETA A VIDA PESSOAL de cada colaborador da sua equipe, e a vida pessoal deles afeta seu trabalho. Os líderes de alta confiança mostram respeito por toda a pessoa, ajudando-a a equilibrar essas responsabilidades frequentemente conflitantes. Isso diminui a probabilidade de *burnout* e leva a um grupo de colaboradores com mais vitalidade e interessado. Essas pessoas renovam as energias em atividades fora do local de trabalho e são capazes de se concentrar melhor quando no trabalho.

Seu desafio é ajudar cada colaborador a alcançar o equilíbrio. Uma vez que cada um é um indivíduo com necessidades exclusivas e circunstâncias pessoais, uma abordagem única para todos não funcionará.

Quando se trata de equilíbrio entre trabalho e vida, os líderes se dividem em três campos distintos. Há aqueles que acreditam que é de vital importância para todos, aqueles que acreditam que é para os fracos e aqueles que estão em algum lugar no meio. É importante que você saiba onde você está, porque, na minha experiência, as atitudes dos líderes em relação a ajudar seus empregados a alcançar o equilíbrio entre o trabalho e a vida tendem a refletir sua abordagem pessoal ao equilíbrio entre trabalho e vida.

Em outras palavras, se você trabalha dezoito horas por dia e pensa que o equilíbrio entre o trabalho e a vida é apenas para os perdedores, é improvável que faça muito esforço para ajudar sua equipe a alcançar esse equilíbrio. Da mesma forma, se para você é importante chegar em casa e alimentar seu gato, ou participar do ensaio do coral, ou ler para seus filhos uma história de ninar, você provavelmente também apoia os esforços de seus colegas para alcançar o equilíbrio entre o trabalho e outras prioridades.

Eu, particularmente, valorizo enormemente o equilíbrio entre o trabalho e a vida, em parte porque acredito que há muito mais na vida do que o trabalho e, em parte, porque acredito que todos trabalhamos melhor quando conseguimos desfrutar um tempo de descanso razoável. É difícil manter um grande esforço quando um longo mês se transforma em outro e depois outro. Reconheço, porém, que alguns empregadores exigem longas horas, e que alguns colaboradores estão felizes em trabalhar essas horas. O importante é que, como líder, você ajude cada um de seus colaboradores a alcançar o nível de equilíbrio em que *eles* sintam razoável. Os problemas surgem apenas quando há não há acordo entre o que consideramos razoável e o que pode ser alcançado.

Compreenda claramente o que cada trabalhador individual está buscando, explique o que você ou a organização espera desse colaborador e discuta qualquer lacuna ou incompatibilidade nas expectativas. Embora os benefícios de um bom equilíbrio entre o trabalho e a vida possam parecer óbvios, ele não é facilmente alcançado em todos os trabalhos, e nem todos se esforçam para trabalhar oito horas por dia. Tudo se resume à "barganha" que você faz com seu empregado.

Alguns anos atrás, trabalhei com um cliente, uma empresa de recrutamento. Os colaboradores avaliaram todas as áreas com notas máximas, exceto o equilíbrio entre trabalho e vida. Quando perguntei aos colaboradores da empresa se a administração os incentivava a equilibrar sua vida profissional e sua vida pessoal, a maioria deles respondeu "às vezes sim e às vezes não".

Expressei minha preocupação ao dono da empresa, mas ele compartilhou uma perspectiva diferente. Horas longas e salários altos são uma característica deste trabalho, explicou. "Nossos recrutadores devem começar cada dia cedo e terminar tarde para se encontrarem com candidatos a emprego fora do horário normal de trabalho", disse ele. "E no meio, eles trabalham duro para colocar essas pessoas em trabalhos adequados. Nós deixamos muito claro quando os entrevistamos, e em todas as outras etapas do processo de recrutamento, que uma semana de sessenta horas é a norma. A maioria dos recrutadores trabalha conosco por cerca de sete anos e ganha uma pequena fortuna antes de nos deixar por um trabalho mais regular, em uma função de recursos humanos, dentro de outra empresa – e com salários mais baixos, é claro."

Um trabalho posterior com esse cliente me permitiu conhecer muitos de seus colaboradores, e descobri que o que ele me contou era verdade. Todas os novos contratados haviam sido conscientizados sobre a realidade de seu novo emprego: eles poderiam esperar ganhar um salário acima da média por trabalhar mais horas do que a média. Quando a vida pessoal de um recrutador se tornava mais importante do que um grande salário, ele saía da empresa ou era transferido. Meu erro foi não entender que, embora os colaboradores do meu cliente me dissessem que não eram encorajados a equilibrar o trabalho e a vida pessoal, eles não sugeriram que estivessem infelizes com isso.

Aliás, graças principalmente à contribuição de seus colaboradores, essa empresa de recrutamento foi mais tarde reconhecida pelo Great Place to Work como o #1 melhor local de trabalho em seu país. Esta honra prova que o requisito de trabalhar horas longas e insociáveis não é uma barreira para a construção de um local de trabalho de alta confiança se a organização é clara e verdadeira ao estabelecer expectativas e dá a todos uma parcela justa das recompensas conquistadas durante essas longas horas.

Assim como nem todos os trabalhos facilitam um equilíbrio entre vida profissional e a vida pessoal, nem todos os colaboradores se esforçam para uma semana regular de quarenta horas e cinco dias. Muitos de nós, voluntariamente, dedicarão horas extras a um projeto emocionante, ou para cumprir um prazo importante, ou para responder a uma emergência ou oportunidade incomum. Os colaboradores, em início de carreira, muitas vezes investem, de bom grado, longas horas por uma variedade de razões: aprender melhor o trabalho, ganhar mais dinheiro, causar uma boa impressão ou o prazer e a sensação de propósito que têm ao trabalhar em um projeto estimulante. Em outros momentos, os colaboradores podem querer reduzir as horas que trabalham para dedicar mais tempo a outras coisas que acham importantes.

Então, como um líder de alta confiança pode conciliar a necessidade de alcançar resultados (o motivo pela qual a organização existe, em primeiro lugar) com o desejo de ajudar os colaboradores a conseguir um equilíbrio razoável entre a vida profissional e familiar?

Primeiro, trace uma distinção clara – e tenha certeza de que todos entendem a diferença – entre os requisitos essenciais e o esforço discricionário. O primeiro é obrigatório e o mínimo que você espera de um colaborador para realizar o trabalho. Em outras palavras, esse é o trabalho. O esforço discricionário envolve ir além, fazendo mais do que o necessário para realizar os principais requisitos do trabalho.

Nenhum colaborador deve se sentir pressionado ou coagido a fazer horas extras regularmente. Mas a maioria dos empregos pode exigir que os colaboradores ocasionalmente trabalhem mais e mais horas, por exemplo, para atender um prazo de produção ou uma demanda sazonal. E a maioria dos colaboradores ficará feliz em desempenhar sua parte se esse aumento de expectativas for limitado. É importante respeitar as circunstâncias dos colaboradores que não podem fazer um esforço discricionário significativo e é igualmente importante reconhecer e recompensar aqueles que fazem o esforço extra. É a diferença entre sentir-se explorado e sentir-se apreciado.

Em segundo lugar, certifique-se de que os colaboradores não trabalhem muito simplesmente para causar uma boa impressão. Um dos maiores desafios em torno do equilíbrio entre o trabalho e a vida é que, quando você tem pessoas ambiciosas trabalhando em organizações dinâmicas, sempre haverá uma tendência de os colaboradores tentarem impressioná-lo trabalhando longas horas, ou pelo menos estando presentes em suas mesas de trabalho por longas horas. Embora essas tendências possam levar à vantagens de curto prazo para sua equipe, os benefícios serão eliminados por problemas de longo prazo, como *burnout*, doença, absenteísmo, alta rotatividade de colaboradores, trabalho de baixa qualidade e moral baixo da equipe.

Há muitas maneiras de desencorajar seus empregados a se sobrecarregarem no trabalho. Para demonstrar genuíno respeito pelas responsabilidades pessoais de sua equipe, tente evitar agendar reuniões antes ou depois do expediente. Embora tais reuniões sejam convenientes para alguns colaboradores e possam ser altamente produtivas, podem representar desafios para pais, cuidadores e colaboradores envolvidos em atividades com horários inflexíveis, como voluntariado ou aulas. Este é particularmente o caso quando você convoca tais reuniões em cima da hora ou sem aviso prévio. Se você não pode evitar reuniões fora do expediente, tente agendá-las com bastante antecedência e não se esqueça de terminá-las na hora marcada.

Como muitos líderes, você pode optar por enviar e responder e-mails fora do horário oficial de trabalho. Não há nada de errado com esta prática, se todos entenderem por que você faz isso. Explique ao seu time que isso se adequa aos seus padrões de trabalho, mas você não espera que chequem e-mails fora do horário de trabalho oficial. Muitos colaboradores ficam preocupados de perder um pedido importante ou urgente do chefe caso não chequem os e-mails foram do expediente. Uma maneira de dissipar esses temores é prometer ligar para eles caso surja algo urgente.

Terceiro, assegure-se de que seus colaboradores tenham abertura para pedir um tempo livre do trabalho para cuidar de necessidades pessoais imprevistas. A pesquisa Great Place to Work sugere que, uma vez que a responsabilidade de responder às emergências da família ainda recai de forma esmagadora sobre as mulheres, muitas vezes elas buscam essa flexibilidade com mais frequência do que os homens. Assim, ficam menos confiantes em pedir acomodações flexíveis quando surgem circunstâncias inesperadas.

Em quarto lugar, seja justo. O equilíbrio entre vida profissional e pessoal não consiste apenas em ajudar os pais a encontrar um equilíbrio entre o trabalho e as responsabilidades familiares. Nem todos os colaboradores têm filhos, e esses colaboradores não são menos merecedores do seu apoio na obtenção de um equilíbrio satisfatório entre o trabalho e a vida. Se você priorizar consistentemente acomodar colaboradores com filhos à custa daqueles sem, o ressentimento pode surgir frequentemente. Como um colaborador me disse: "Estou feliz por mães e pais que conseguem equilibrar o trabalho e a vida. Mas é justo que eu sempre seja o escolhido para chegar cedo, sair tarde ou trabalhar nos fins de semana só porque não tenho filhos? "

Os avós podem ter responsabilidades de assistência à infância. E os colaboradores são frequentemente responsáveis por seus pais idosos ou mesmo pelos irmãos. Para alguns colaboradores, um cachorro ou gato doente é, compreensivelmente, uma grande preocupação e um problema tão importante quanto uma criança doente é para os outros. Um bom equilíbrio entre trabalho e vida é uma ambição legítima para todos. Aproveitar o tempo para aprender sobre a vida dos colaboradores ajudará você a acomodar suas circunstâncias únicas.

Alguns anos atrás, a PepsiCo lançou uma iniciativa para ajudar os colaboradores a manterem o equilíbrio entre vida e trabalho, chamado "One Simple Thing" (Uma coisa simples). Como parte do programa, os líderes pedem a cada um dos colaboradores: "Diga uma coisa única e simples que mais ajudaria você a equilibrar o trabalho e a vida." Alguns colaboradores dizem, por exemplo, que deixar o escritório em um momento específico é a "única coisa simples" para eles. Outros priorizam exercícios regulares ou indicam fins de semana e feriados sem "e-mail". Outros valorizam poder buscar os filhos na escola, aprender uma nova habilidade ou simplesmente ter um tempo para si. Uma vez que um colaborador decide sua "única coisa simples", o líder documenta, verifica seu progresso e pode mesmo recompensar os colaboradores que segue o plano, como parte do processo anual de revisão do desempenho.

Esta iniciativa funciona em muitos níveis. Ela reconhece que uma só medida não serve para todos, e requer um compromisso por parte do líder no intuito de encontrar boas soluções individualizadas para cada colaborador. Mas também envolve parceria. Não é delegado apenas ao líder "consertar" o equilíbrio entre trabalho e vida de seus colaboradores, mas tampouco é responsabilidade exclusiva do colaborador descobrir, por si só, como alcançar esse equilíbrio. Em vez disso, ambos trabalham juntos para encontrar uma ótima solução que funcione para todos.

Embora a PepsiCo's One Simple Thing seja uma iniciativa de toda a organização, você provavelmente poderia apresentar um programa similar para sua equipe, porque, na maioria dos casos, a "única coisa simples" de que os colaboradores precisam é a flexibilidade nos horários, o que a maioria dos líderes têm autoridade para conceder e conciliar.

Talvez a maneira mais eficaz de você apoiar sua equipe na obtenção de equilíbrio entre o trabalho e a vida seja dando o exemplo. Uma organização de serviços profissionais introduziu a iniciativa "Summer Fridays" (Sextas de Verão), que permitiu que os colaboradores completassem cinco dias de trabalho em quatro dias e meio, para deixarem o escritório após o almoço às sexta-feiras. Na primeira sexta-feira do verão, a maioria dos colaboradores permaneceu durante a tarde, apesar de terem trabalhado as horas mais longas nos quatro dias anteriores. O departamento de recursos humanos percebeu que poucos parceiros principais e líderes seniores saíram cedo, então os colaboradores se sentiram constrangidos em ir embora e deixar os chefes trabalhando. Na sexta-feira seguinte, o departamento de RH encorajou os patrões a saírem após o almoço, enviando uma mensagem clara para todos os outros que era aceitável começar o fim de semana cedo. Funcionou.

Quando se mostra com atitudes que leva sua carreira a sério e se compromete em ter uma vida pessoal satisfatória, você efetivamente dá permissão aos seus colaboradores para que façam o mesmo.

PONTOS-CHAVE

- Incentivar ativamente os colaboradores a usarem plenamente os benefícios que sua empresa oferece, como a licença de assistência à infância.

- Alguns empregos e indústrias são, por padrão, não tão flexíveis quando se trata de ajudar os colaboradores a alcançar o equilíbrio entre o trabalho e a vida. Se sua equipe se enquadra nesta categoria, seja explícito sobre isso com seus colaboradores durante o processo de contratação para que eles saibam o que esperar.

- O equilíbrio entre vida profissional e pessoal é necessário para todos – não apenas colaboradores com filhos. Certifique-se de que todos os colaboradores se sintam confortáveis em pedir flexibilidade com horários quando circunstâncias pessoais inesperadas surgirem.

REGRA 14

SEJA JUSTO COM TODOS

Tratar seus colaboradores de forma justa não é o mesmo que tratá-los igualmente. Tratar colaboradores *igualmente* significa tratar todos da mesma forma. Tratar seus empregados *justamente* significa tratar cada colaborador de forma apropriada à contribuição deles para a empresa. Mesmo que tenham o mesmo papel, nenhum colaborador é igual ao outro. Eles podem ter diferentes estilos de trabalho, conjuntos de habilidades, responsabilidades pessoais e objetivos, e, portanto, fazer o trabalho de maneiras muito diferentes e contribuir em diferentes níveis.

A justificativa para tratar todos de forma justa é simples: é o certo fazer! E os benefícios são muitos.

Tratar as pessoas justamente incentiva a diversidade dentro da organização. Um ambiente de trabalho justo reduz as distrações da desigualdade, política e preconceito, e permite que todos façam suas melhores contribuições.

Tratar todos justamente significa uma completa ausência de discriminação de qualquer tipo, incluindo gênero, identidade de gênero, habilidades físicas, religião, orientação sexual, peso ou qualquer outra característica pessoal. Felizmente, muitos países têm uma legislação que torna ilegal a discriminação por tais motivos, e a maioria das organizações quer se manter no lado certo da lei.

Ainda assim, muitas vezes, a razão pela qual não tratamos todos de forma justa é que, apesar de nossa crença de que não discriminamos, nossos preconceitos nos enganam. Qual a diferença entre viés e discriminação? Vamos assumir o gênero como um exemplo. Se um amigo lhe disser que a enfermaria do hospital fez um ótimo trabalho cuidando de uma ferida, pode ser que você o imagine sendo atendido por uma mulher. Isso é um viés de gênero, porque você presumiu que o trabalho na enfermaria seria feito por uma mulher. Mas se você é o paciente e se recusa a deixar uma enfermeira cuidar de suas feridas, isso é discriminação de gênero.

Posso apostar que você, como a maioria das pessoas decentes, acredita que jamais discriminaria nenhum empregado. Mas você discrimina. Todos nós discriminamos. Todos os dias, fazemos julgamentos instantâneos e avaliações de pessoas e situações baseadas em estereótipos e informações erradas formadas por meio do contexto em que crescemos, ambiente cultural e experiências. Nós categorizamos e julgamos as pessoas antes mesmo de percebermos o que está acontecendo, e é por isso que essas atitudes são chamadas de viés inconscientes.

Esses vieses podem beneficiar algumas pessoas, enquanto outras sofrem por causa deles. Por exemplo, conferimos certos valores às pessoas com base na idade. Muitas vezes, acreditamos que os trabalhadores mais jovens têm mais energia, motivação e capacidade de aprender - e acreditamos que eles são menos confiáveis, propensos a alegar doença mesmo que não estejam doentes ou a largar o emprego de uma hora para outra para "buscar a si mesmo" do outro lado do mundo. Muitos gerentes enxergam os colaboradores maduros como mais experientes e confiáveis – e também com hábitos arraigados e lentos para se adaptar. É claro que esses julgamentos podem ou não ser verdade. Todas as pessoas mais jovens ou mais velhas são diferentes.

Para nossa vergonha, nós projetamos valores e atitudes em pessoas baseadas não apenas nos motivos "habituais", como idade ou gênero, mas também em seu nome, onde vivem, o que eles usam, se são introvertidas ou extrovertidas, e até mesmo na música que gostam. E a lista de preconceitos inconscientes que a sociedade tem em relação às pessoas com necessidades especiais daria, por si só, um livro.

Antes que você se defenda dizendo que, embora você compreenda como os *outros* podem discriminar dessa maneira, você jamais faria isso... nem se dê o trabalho. Isso é o que todos dizem! Há até um nome para isso: viés de ponto cego, pelo qual reconhecemos o impacto de preconceitos sobre o julgamento de outros, sem perceber o impacto de preconceitos em nosso próprio julgamento.

Como você supera o viés inconsciente? A resposta um tanto trivial é: "Com grande dificuldade." Nossos vieses estão profundamente enraizados e são mais um reflexo de como nosso cérebro funciona e do poder de nossa mente subconsciente do que nossos valores ou o respeito que temos pelos outros. É por isso que a autoconsciência é sua arma mais eficaz contra vícios inconscientes. Esteja ciente do problema e aceite que está lá, mesmo que não o veja em si mesmo. Esteja alerta para isso. Quando você se surpreender projetando qualquer valor – negativo ou positivo – em qualquer um, pare e se pergunte: "Como sei se isso é verdade?" A menos que você tenha fatos sólidos para apoiar uma suposição, descarte-a.

Às vezes, mostramos um viés em favor de pessoas que são "como nós". Ou seja, as pessoas que de quem gostamos mais rapidamente ou entendemos melhor. Ou pessoas com as quais temos mais em comum – pessoas com crianças, sem filhos, animais de estimação, um amor de viagem – ou que eram nossos amigos antes de nos tornarmos líderes. E às vezes esse viés leva ao favoritismo, que pode se manifestar nas decisões de negócios que tomamos, como a alocação de turnos ou melhoras tarefas, ou no que é, para muitos colaboradores, o teste decisivo para a equidade no local de trabalho: o processo de promoção.

Geralmente, quando há uma promoção, os colaboradores se apresentam, porque acreditam que a merecem. E dói muito quando não a recebem. Eles querem entender por que eles foram rejeitados e procuram alguém ou algo para culpar. O *alguém* geralmente é a pessoa que obteve a promoção ou a pessoa que a concedeu, ou ambos. E a tendência natural é que o empregado veja o *algo* como um viés contra ele ou a favor de outra pessoa.

Seja escrupulosamente justo ao selecionar os colaboradores para promoção e divulgue claramente os motivos pelos quais você promoveu o candidato bem-sucedido. Caso contrário, as pessoas vão adotar a desculpa fácil: você joga golfe com ele, você almoça com ele, seus filhos estão na mesma escola, vocês são vizinhos, seja o que for. Essa reação é compreensível. Isso vem do desapontamento, e quando estamos desapontados, muitas vezes procuramos além de nós razões para explicar nossos contratempos.

Quando você promove a melhor pessoa, você recompensa talentos e esforços individuais, estimula o moral da equipe e aprimora sua reputação como um líder competente e justo. Dar a alguém que não a pessoa mais merecedora acarretará danos e aborrecimentos causados pelo colaborador descontente – isso sem falar do impacto no moral do time, desempenho e resultados, e o custo da sua própria reputação. E se o candidato promovido souber, lá no fundo, que não era o melhor candidato, você jamais terá o respeito *dele*.

A maioria dos colaboradores aceita bem não receber uma promoção e se sente tratada de maneira justa se você lhes dá um feedback honesto e construtivo. Por que eles não foram promovidos? Como eles podem melhorar seu desempenho para ter uma chance melhor na próxima vez? Seu feedback deve se concentrar em razões, reafirmação e, se necessário, reencaminhamento.

- *Razões*. Por que o empregado não conseguiu a promoção esperada? Compartilhe esses motivos honestamente, mas com sensibilidade. Discuta o conjunto de habilidades e experiência necessários para a posição e, sem trair a confidencialidade, compartilhe os motivos pelos quais você promoveu tal pessoa. Concentre-se nos aspectos positivos. Discuta as habilidades e os atributos que o empregado pode desenvolver e não os que lhe faltam. Certifique-se de que esta reunião seja uma conversa, não um pronunciamento. Simplesmente explicar os motivos pelos quais ele não conseguiu a promoção pode parecer mais fácil, mas é melhor ajudá-lo a ver por si mesmo por que ele não estava pronto para esse movimento.

- *Reafirmação.* Explique as contribuições que esta pessoa traz para o seu time. Todo mundo quer saber que é valorizado e que sua contribuição conta. Caso contrário, por que ele faria qualquer coisa que não o esforço mínimo no trabalho? Tranquilize-o e faça-o saber que é valioso membro da equipe. Reencaminhamento. Se você acredita que o colaborador tem potencial para progredir mais em sua equipe ou na organização no futuro, diga isso. Mas se ele já tiver alcançado o máximo que conseguirá em seu time, é hora de se reorientar. Se estiver em um beco sem saída na carreira, ele merece saber disso. Embora você não ofereça mais espaço para o progresso, talvez você veja oportunidades para que ele avance fora de sua equipe, ou talvez fora de sua organização. Fale sobre essas oportunidades. Nenhuma organização pode oferecer um potencial de avanço ilimitado a todos. Seu colaborador pode muito bem estar à sua frente ao descobrir tudo isso porque, no fundo, a maioria de nós conhece as próprias limitações.

Às vezes, precisamos apenas ouvir a verdade vinda de outra pessoa para estimular a ação.

É claro, as percepções de justiça começam bem antes de qualquer oportunidade de promoção se tornar disponível. Sua responsabilidade é gerenciar a expectativa e o desenvolvimento de cada empregado. Ajude aqueles que podem compreender o que devem fazer para avançar. Ajude aqueles que não são capazes de avançar para explorar se eles poderiam ser mais bem-sucedidos em outros lugares ou em uma função diferente. Cada colaborador merece seu apoio para descobrir sua direção na carreira.

As percepções de injustiça no processo de promoção são importantes e podem fazer com que um empregado entusiasmado e comprometido desanime e se ressinta. Pior, elas podem fazer com que toda a equipe se apague. Mas se os colaboradores acreditam que o sistema é justo para todos, eles entrarão na "concorrência" pela promoção com mais confiança e menos ansiedade sobre o resultado, sabendo que você os tratará de forma justa.

Finalmente, lembre-se de que, quanto maior seu histórico de decisões de negócios justas – e não apenas promoções –, mais confiança todos os envolvidos terão em sua objetividade, e serão mais propensos a oferecer a você o benefício da dúvida quando tomar uma decisão com potencial de ressentir membros do seu time.

PONTOS-CHAVE

- As percepções são a realidade. Não basta ser justo, você deve sempre ser *visto* como justo. Para um colaborador, se algo *parece* injusto, então é injusto.

- Aqueles que têm o menor poder relativo são mais propensos a sofrer discriminação. A probabilidade de terem a confiança ou o poder de se defender ou pedir aos outros para ajudá-los a fazê-lo é menor. Seja vigilante para quaisquer sinais de discriminação ou parcialidade inconsciente e esteja pronto para intervir e eliminar isso.

- É mais fácil tratar as pessoas do mesmo modo que de forma justa. Seja corajoso e se diferencie. Como Thomas Jefferson teria dito: "Nada é mais desigual do que um tratamento igual a pessoas desiguais."

REGRA 15

FAÇA O QUE VOCÊ É PAGO PARA FAZER

SER COMPETENTE EM SEU TRABALHO é essencial para criar confiança com seus colaboradores. Seus colaboradores talvez gostem de você, eles podem apreciar suas intenções, e eles podem querer confiar em você, mas simplesmente não confiarão em você se não puder fazer o trabalho que é pago para fazer.

Sua equipe também deve *acreditar* que você é competente, e para que isso aconteça, você deve consistentemente mostrar competência. E só então, quando seus colaboradores o considerarem competente, terão a disposição para confiar em suas decisões e segui-lo – especialmente quando você estiver tentando guiá-los em meio a momentos de mudança ou incerteza.

Cada um de seus colaboradores tem uma opinião sobre sua competência, formada com pouco ou nenhum pensamento consciente. A avaliação deles abrange tudo o que você faz, desde antes de um novo membro se juntar à equipe até depois que ele sai, e todos os pontos entre eles. Essencialmente, trata-se de um sentimento. Nenhuma evidência oferecida, nenhuma chance de montar uma defesa, sem tribunal de recurso. Ninguém disse que a administração era fácil!

Numerosos livros foram escritos sobre como liderar com competência, mas aqui está uma síntese: desenvolva uma visão, planeje o sucesso e gerencie.

- *Desenvolva uma visão compartilhada.* Aproveite os valores e a visão da organização para ajudar a criar um senso de direção claro para sua equipe. Ouça. Solicite a participação de todos da equipe e considere cuidadosamente o que dizem. Ouça mais. Somente as visões compartilhadas inspiram e recebem apoio contínuo.

- *Planeje o sucesso.* Mobilize sua equipe e recursos de forma eficaz. O ponto de partida é conhecer sua equipe. Compreenda os pontos fortes e fracos de cada pessoa, e atribua-lhes responsabilidades de maneira a permitir que cada um deles seja desafiado – e não sobrecarregado. Existe uma linha tênue entre uma carga de trabalho gerenciável e uma não gerenciável. Um líder competente sabe a diferença.

- *Gerencie.* Certifique-se de que cada pessoa da sua equipe entrega o resultado. Espere competência de cada um de seus colaboradores e responsabilize-os pela qualidade do trabalho. Sua equipe não te agradecerá por ter desculpas por um desempenho fraco, porque isso transfere a carga de trabalho para eles. Se o empregado não estiver trabalhando bem, isso pode indicar uma carga de trabalho não razoável, um *déficit* de habilidades ou treinamento, ou falta de interesse ou compromisso, uma decisão de contratação fraca. Talvez você não tenha tido a chance de opinar durante o recrutamento – os colaboradores herdados são uma realidade em quase todas as posições de gerenciamento –, mas você é o líder agora e, portanto, é 100% responsável. Então, encontre a causa subjacente e tome atitudes. Seja solidário, mas o desempenho não é negociável.

Se às vezes você se sente sobrecarregado por tudo que é preciso para ser um líder competente, você não está sozinho. O gerenciamento é uma caminhada para a competência, e estamos todos na mesma jornada. Lembre-se que o oposto de competente nem sempre é *in*competente. Às vezes, o oposto é *não competente* e há um mundo de diferença entre os dois. *Incompetente* implica um fracasso abjeto – uma incapacidade de fazer o trabalho – enquanto *não competente* meramente sugere que você não está bem lá *ainda*. Fique com isso. Você não precisa ser brilhante para ser um grande líder, porque quando se trata de competência, "bom o suficiente" é bom o suficiente.

PONTOS-CHAVE

- Peça que o time colabore com você no desenvolvimento de um plano de visão compartilhada.

- Mobilize seu time com eficiência: permita a cada membro se sentir desafiado, sem ficar sobrecarregado.

- Responsabilize os colaboradores por sua competência. Seja solidário, mas assegure que cada pessoa entregue os resultados esperados.

REGRA 16

DIVIRTAM-SE JUNTOS

SEU CHEFE É UMA PESSOA desagradável.

Ele mente para você e não mantem nem mesmo a menor das promessas. Na semana passada, você ouviu rumores de que eles te rejeitaram para uma promoção que você trabalhou arduamente para receber e que *todo mundo sabe* que você merece. E ele ainda não teve sequer a cortesia de te comunicar isso. Não é de admirar que você desconfie dele intensamente. Assim como a maioria de seus colegas.

Mas tudo pode estar prestes a mudar. Seu chefe tem um plano. Ele chamou o dia de hoje de "Quarta estranha e doida", uma iniciativa que descreveu em um e-mail para o grupo como "um dia divertido, super louco, em que tudo pode acontecer". Ele espera que isso melhore o moral e una mais a equipe.

Agora são 9h05 de quarta-feira. Você já está no trabalho, profundamente concentrado. Chegou cedo esta manhã para terminar uma proposta com prazo apertado. Você sente a pessoa que está de pé perto da sua mesa mais do que a vê – um palhaço multicolorido diante de você, um sorriso grotesco de orelha a orelha no rosto branco. Ele faz cócegas em seu queixo com um espanador de penas de cores vivas enquanto inala profundamente do tanque de hélio pousado no chão ao lado dele. "Vai ti-me, Vai ti-me!". Ele guincha freneticamente enquanto mira um girassol esguichante, que acerta em cheio o seu trabalho, ensopando-o.

Que doideira!

Você está se divertindo?

Líderes de todas as partes lutam para definir o conceito de "diversão no trabalho". Alguns o descartam, considerando-o infantil, tolo, pouco profissional e uma perda de tempo, fazendo comentários como "as pessoas estão aqui para trabalhar, não estamos trabalhando em um jardim de infância". Outros temem que saia de controle.

Mas quando se trata de diversão no trabalho, nada pode estar mais longe da verdade.

Diversão no trabalho é simplesmente *a liberdade de ser você mesmo no trabalho.* É saber que seus colegas o aceitam como é, e que você os aceita nos mesmos termos. É um riso quando estamos felizes e consolo e apoio quando enfrentamos um revés. É alegria quando estamos comemorando e uma maneira de relaxar em dias ruins. Ele alivia o tédio em momentos mais calmos e oferece uma válvula de segurança quando estamos sob pressão. Ele constrói espírito de equipe, e revela o espírito que já existe. A diversão é divertida quando você está com pessoas de que gosta.

O divertimento no trabalho é um elemento essencial de todos os grandes locais de trabalho e altamente correlacionado com a confiança. Quando você se depara com trabalhadores desfrutando verdadeira diversão no local de trabalho, sabe que encontrou uma equipe de alta confiança. Os colaboradores que concordam fortemente que se divertem no trabalho também são extremamente propensos a concordar fortemente que, levando tudo em consideração, o deles é um ótimo lugar para trabalhar. Existe também uma correlação similar entre recrutamento divertido e efetivo, rotação de colaboradores e camaradagem ou trabalho em equipe. Embora tenhamos certeza de que a diversão e a confiança estão intimamente correlacionadas, os dados não comprovam se a diversão gera alta confiança, ou se a alta confiança gera ou permite que a diversão aconteça.

Na minha experiência, é um pouco de ambos.

O divertimento não cria confiança, pelo menos, não de forma significativa. A diversão acontece por causa da confiança que já existe. Mas o divertimento *reforça* a confiança porque reforça os laços da equipe. Ela demonstra que estamos confortáveis uns com os outros, que nos damos bem, que podemos tirar alguns minutos para nos divertirmos sem medo de sermos julgados ou criticados. Você não conta com essa liberdade em um local de trabalho de baixa confiança.

Diversão significa coisas diferentes para pessoas diferentes, e diversão no trabalho não é diferente. Do mesmo modo, o apetite pela diversão varia de uma pessoa a outra, de modo que os líderes de alta confiança encontram formas de diversão no trabalho que são adequadas para colaboradores individuais, sua equipe e sua organização. O tipo de indústria ou setor empresarial influencia como e quando os colaboradores se divertem. Por exemplo, a diversão no ambiente de trabalho dos diretores de uma casa funerária pode ser mais limitada do que a dos colaboradores, digamos, de uma microcervejaria ou de uma *start-up* de tecnologia.

O perfil de idade do seu time também faz a diferença. Uma pesquisa divulgada pela Businessinsider.com descobriu que, embora quase 90% dos trabalhadores mais jovens desejem ter um "ambiente de trabalho divertido e social", apenas 60% dos colaboradores com mais de 50 anos querem o mesmo.[12] A mesma pesquisa descobriu que 71% dos trabalhadores mais jovens querem que seus colegas de trabalho sejam sua "segunda família". Mas os trabalhadores mais velhos, muitos dos quais vão para casa, para suas "primeiras famílias", no final de cada dia e têm vidas sociais estabelecidas, podem preferir manter sua vida pessoal separada da profissional. O boliche após o trabalho é uma boa quando você não tem nada de especial toda a noite para fazer. Mas talvez perca seu apelo contra a chance de cobrir seus filhos depois de ler para eles uma história de ninar.

Aqui estão algumas ideias e informações práticas que o ajudarão a promover uma sensação de diversão em seu local de trabalho:

- *Deixe acontecer.* Está certo planejar eventos que você espera que sejam divertidos, mas é importante encontramos algumas das melhores diversões no trabalho nas atividades rotineiras do dia a dia. Um comentário espirituoso. Uma história engraçada, contada espontaneamente. Ligar para um colega. Memórias compartilhadas e fotos compartilhadas. Diversão simples. Deixe acontecer mostrando que, quando isso ocorrer, você está se divertindo.

- *Lidere pelo exemplo.* Mostre que você está feliz por sua equipe se divertir no trabalho juntando-se a eles. Sorria. A desaprovação pode ser comunicada não verbalmente, assim como a aprovação. Melhor, guie o caminho e comece a diversão de vez em quando, se você puder fazê-lo de forma autêntica. Mas se isso não vier a você naturalmente, não tente fingir. Não se pode fingir diversão.

- *Ensine quando se divertir.* Um ótimo lugar para trabalhar é principalmente um lugar para trabalhar. Diversão no trabalho é um equilíbrio delicado entre fazer o trabalho pelo qual se é pago e se divertir ao fazê-lo. Nem todos entenderão instintivamente que o trabalho vem primeiro, depois a diversão. Às vezes, e por razões compreensíveis, colaboradores mais jovens e menos experientes têm dificuldade para encontrar o equilíbrio certo entre o trabalho e a diversão. Ajude-os a desenvolver uma maior conscientização sobre quando se divertir e quando se manter sério manter e discretamente, exatamente como você faria em qualquer outra área de atuação.

- *Defina os limites.* É importante ter limites. O inaceitável nunca é aceitável, mesmo em nome da diversão. *Especialmente* em nome da diversão.

Quer se trate de uma piada ou uma observação casual ou um comentário durante uma brincadeira no escritório, o bom gosto e as normas aceitas devem ser aplicadas. A diversão é divertida apenas se é divertido para todos os envolvidos. Adote uma abordagem de tolerância zero, mas seja sensível. Uma conversa tranquila será o suficiente para manter as coisas sob controle.

- *Programe eventos, não "diversão".* Quando você se reúne com seus amigos para um café da manhã de domingo, anota "café da manhã" em seu calendário. Você espera se divertir, mas não escreve como "diversão" lá (diga-me, por favor, que não escreve!). É o mesmo no trabalho. Programe café e rosquinhas para a manhã de segunda-feira e quase certamente será uma atividade divertida. Brincadeiras ligeiras, bate-papo, uma onda de açúcar e uma dose de cafeína, fazendo planos, rindo juntos. Mas convide seu time para um "Evento de Diversão e Rosquinhas" e você provavelmente comerá sozinho. Nada assusta as pessoas normais tanto quanto a diversão organizada.

- *Divirta-se com um propósito.* Façam algo bom como uma equipe e divirtam-se fazendo isso. Trabalho voluntário, encaixotem mantimentos para caridade, pintem uma escola, cantem em coral, se juntem a uma caminhada para angariação de fundos, ou iniciem um esforço comunal para entrar em forma juntos. Recolham o lixo de um trecho de costa ou ajudem em um abrigo para pessoas sem-teto. Divirtam-se. Façam o bem.

- *Misture.* Um tamanho não corresponde a todos. Quanto mais diversificada for a sua equipe, maior o desafio de encontrar atividades que tornem o trabalho divertido para todos. Peça ideias e veja o que funciona. Experimente. Veja como pessoas diferentes reagem a diferentes atividades e adapte os eventos futuros. Não é necessário que cada colaborador participe de todas as atividades, mas não permita que sua equipe se divida em grupos permanentes que só socializam juntos, por exemplo, trabalhadores mais jovens em um campo, trabalhadores mais velhos no outro. Grupos sociais podem se transformar em grupos de trabalho e isso não é bom para o trabalho em equipe, nem para a união.

A diversão no local de trabalho é uma atitude, um estado de espírito que permite que as pessoas se conectem e afirmem seus vínculos em comum. Muitos de seus colaboradores passam mais tempo no trabalho do que em qualquer outra atividade. Eles provavelmente passam mais tempo com seus colegas do que com seus amigos pessoais ou até possivelmente com suas famílias. Então, se eles não puderem ser quem são no trabalho, isso é muito tempo para passar fingindo.

Seja você mesmo. Deixe que sejam eles mesmos. E divirtam-se juntos.

PONTOS-CHAVE

- O divertimento no trabalho é simplesmente a liberdade de ser você mesmo neste ambiente. É saber que você é aceito como é e aceitar seus colegas nos mesmos termos.

- O divertimento funciona porque é natural, não forçado, e as pessoas encontram uma boa diversão no trabalho em atividades rotineiras. Mostre sua aprovação e deixe-a acontecer.

- Um excelente lugar para trabalhar é um excelente lugar... para trabalhar. Se um colaborador estiver com dificuldade de atingir um certo índice de trabalho, não hesite em intervir.

PARA ONDE VOCÊ VAI A PARTIR DAQUI?

DEZENAS DE MILHARES DE GRANDES líderes pelo mundo provam todos os dias que as dezesseis regras funcionam para eles. Elas também funcionarão para você. Acontece sutilmente – um pouco mais de esforço aqui, um pouco mais de planejamento ali, um pequeno ajuste um dia e uma abordagem ligeiramente diferente em outro. Nada disso é muito notável, até um dia apenas... se percebe uma pessoa e um líder melhor, liderando uma equipe melhor. E, é claro, uma versão *mais feliz* de você. A felicidade vem com o território.

Aqui estão algumas sugestões de como gerenciar sua mudança:

LEMBRE-SE DO SEU NOME

Você tem dois nomes: aquele que recebe no nascimento e aquele que constrói conforme avança pela vida. Você nunca terá uma oportunidade melhor de consagrar seu nome como um grande líder de alta confiança. Vá em frente.

ENCONTRE O QUE FUNCIONA PARA VOCÊ

Pense nas regras como inspiração. Eu tentei me concentrar em ingredientes, e não em receitas, com a intenção de descobrir o caminho certo para combiná-los com o melhor efeito. Encontre e adote as regras adequadas para sua equipe. Se não parecer certo para sua equipe ou para sua organização, provavelmente não é um bom ajuste.

Também é importante que as regras se ajustem a você como indivíduo. Não tente adotar comportamentos que, no fundo, você sabe que não se adequam à sua personalidade ou estilo de trabalho. Não estou sugerindo que não precisa mudar nada, mas você só pode ser um ótimo líder caso se sinta confortável em sua própria pele e em seu trabalho. Você só pode deixar sua equipe confortável e se sentindo aceita se *você* se sentir confortável e capaz de ser você mesmo.

CRIE UM PLANO "PARAR-COMEÇAR-CONTINUAR"

Leia as dezesseis regras novamente e, quando chamar sua atenção, anote em uma das três listas:

- Parar: se um aspecto do seu comportamento estiver em desacordo com o que os melhores líderes fazem, ou se o que você está fazendo simplesmente não estiver funcionando, considere interromper isso.

- Começar: quando você se sentir inspirado a mudar um comportamento existente ou tentar uma nova ideia ou iniciativa, inclua-os nesta lista de coisas que deseja começar (ou comece a fazer de forma diferente).

- Continuar: caso você leia uma regra e perceba que está feliz com o que faz nesta área, ou reconheça algo que está funcionando bem agora, adicione à lista de coisas que você deve continuar fazendo.

Essas listas serão a base do seu plano de ação, que, como qualquer plano excelente, você analisará periodicamente e mudará conforme necessário. Certifique-se de documentar completamente os comportamentos e atitudes positivas que pertencem à sua lista "continuar". Você precisará dessa lista para se lembrar de seus muitos pontos fortes quando passar por contratempos ou se sentir desencorajado, como inevitavelmente acontecerá. Seja justo consigo mesmo e certifique-se de que essa lista reflita plenamente o que você faz bem.

PENSE GRANDE, MAS COMECE PEQUENO

Por favor, não tente efetuar uma mudança de personalidade! Primeiro, não é necessário, seus comportamentos e ações atuais precisam de ajustes finos, não de uma revisão completa. Em segundo lugar, as pessoas não gostam de mudanças, mesmo as mudanças que podem, em última análise, beneficiá-las, se essa mudança for muito drástica, inesperada ou inexplicada. Além de enervar as pessoas ao seu redor, grandes mudanças são muito difíceis de sustentar durante um período prolongado. Essa mudança tende a desaparecer tão rapidamente quanto começou, basta pensar nas resoluções de Ano-Novo!

Em vez disso, escolha uma coisa da sua lista e faça isso bem. Concentre seus esforços exclusivamente nisso. Como regra geral, são necessários trinta dias para criar um hábito e trinta dias para quebrar um hábito. Então, tente um plano de doze estágios distribuídos ao longo de um ano, com cada estágio durando um mês e focado em um objetivo – um único elemento que você deseja parar de fazer, começar ou mudar. E se em qualquer fase você sofrer um revés ou sentir-se sobrecarregado, leia sua lista de "continuar" para se lembrar de todas as coisas que você já faz de maneira brilhante.

PLANEJE MENSALMENTE, VISUALIZE DIARIAMENTE

Anote o objetivo deste mês. Descreva exatamente como você planeja se comportar e como você e os outros serão beneficiados. Por exemplo:

> *"Objetivo: eu vou ser um melhor ouvinte. Como: vou falar menos e ouvir mais. Vou dedicar toda a minha atenção, manter um bom contato visual e mostrar que estou escutando. Benefícios: vou entender melhor a minha equipe e eles saberão que valorizo e aprecio seus pontos de vista e opiniões."*

Tire alguns minutos todos os dias para lê-lo. Faça-o aparecer em seu telefone ou computador como um lembrete algumas vezes durante o dia. Ou faça analogicamente, com notas adesivas estrategicamente localizadas. Mas seja discreto, você não quer que os outros vejam essas notas. Seu lembrete pode ser um estímulo de uma única palavra, algo que remeta à meta completa. Por exemplo, se você estiver trabalhando no objetivo de ouvir mais, seu lembrete pode ser "Ouvir", ou talvez "2: 1", mais difícil de decifrar: uma referência ao fato de que você tem dois ouvidos e uma boca, e deve se lembrar de usá-los nessa proporção.

REFLITA DIARIAMENTE

Reserve cinco minutos em algum ponto de cada dia para refletir sobre o seu progresso em direção à liderança de alta confiança. Se possível, tente fazer isso na mesma hora todos os dias, por exemplo, na ida ou na volta do trabalho, para que se torne parte de sua rotina. Se você está trabalhando na mudança de um comportamento específico, pergunte a si mesmo: "Como eu me saí? O que deu certo? O que deu errado? Preciso ajustar minha abordagem? Minha iniciativa está afetando minha equipe? Como eu sei? Eles parecem mais felizes? Estão fazendo mais e produzindo um trabalho de qualidade? E como isso está me afetando? Estou mais feliz? Estou mais confiante? E se não, por que não?"

MANTENHA UM DIÁRIO

Se você vai tirar o tempo para planejar, visualizar e refletir, por que não aproveita o embalo e mantém um diário? Anote seus sucessos e fracassos, juntamente com seus pensamentos sobre o porquê e como as coisas foram tão bem... Ou tão mal. Você achará fascinante este registro de sua jornada para a liderança de alta confiança, e ele será uma fonte de incentivo quando estiver empacado, como às vezes ficará.

PROCURE APOIO

A mudança pode ser difícil. Alguns de nós gostam de lutar sozinhos. Outros preferem um ouvinte atencioso e uma palavra encorajadora. Compartilhar seus planos com um colega ou amigo confiável te traria benefícios? Caso você tenha um mentor – formal ou não –, considere compartilhar suas listas de "parar-iniciar-continuar" com ele e pedir que as comente honestamente. Quando as coisas se complicarem, eles vão lembrá-lo por que você está fazendo isso, e seu apoio e encorajamento serão inestimáveis enquanto você executa a difícil missão de adotar novos hábitos e comportamentos.

TENHA PACIÊNCIA

Só porque você muda algo não significa que todos os outros mudarão. Se as pessoas não estão acostumadas a perguntar sobre a vida fora do trabalho, não espere que ofereçam capítulo e verso na primeira vez em que você perguntar o que fizeram durante o fim de semana. Ou se você nunca pediu aos colaboradores suas sugestões sobre assuntos relacionados ao trabalho, não se surpreenda se eles demorem um pouco para se abrir. Mas não desista. Você tem algo maior e melhor em vista.

NÃO É O QUE VOCÊ FAZ POR ELES, MAS POR QUE FAZ

O que mais importa para o seu pessoal não é *o que* você faz por eles, mas *por que* faz isso. Não é realmente a surpresa com as rosquinhas na manhã de segunda-feira que apreciam, mas você se importar o suficiente para parar em algum lugar e comprá-las. Apenas um lembrete.

TODO LÍDER PODE SER UM GRANDE LÍDER

Abri este livro com uma declaração simples: os líderes são importantes. Agora você sabe o que os melhores líderes do mundo fazem – e que os outros não fazem –, e você sabe por que eles fazem isso. Junte-se a eles. Você pode ser um grande líder de alta confiança. É a sua vez.

LEITURAS RECOMENDADAS

A melhor empresa para trabalhar: como construí-la, como mantê-la e por que isso é importante, por Michael Burchell e Jennifer Robin

The Speed of Trust: The One Thing That Changes Everything, de Stephen M. R. Covey

The Trustworthy Leader: Leveraging the Power of Trust to Transform Your Organization, de Amy Lyman

No Excuses: How You Can Turn Any Workplace into a Great One, de Jennifer Robin e Michael Burchell

Make Their Day! Employee Recognition That Works, de Cindy Ventrice

The Decision to Trust: How Leaders Create High-Trust Organizations, de Robert F. Hurley

AGRADECIMENTOS

Vamos começar pelo começo. Quero agradecer a Robert Levering por sua pesquisa pioneira em como e por que os melhores locais de trabalho do mundo fazem o que fazem. Robert percebeu cedo que cada organização poderia se tornar um ótimo lugar para trabalhar, e dedicou grande parte de sua vida profissional a divulgar essa mensagem, mesmo quando não era popular nem lucrativo fazê-lo.

Tive a sorte de trabalhar com alguns líderes verdadeiramente inspiradores no Great Place to Work Institute e sou particularmente grato a José Tolovi Jr. pelo encorajamento quando este livro era apenas a semente de uma ideia, e a Ann Nadeau, por me ajudar a manter a ideia viva quando surgiram desafios. Obrigado também a Michael Bush, por articular uma visão de um Excelente Lugar para Trabalhar para Todos – em que *todas* as pessoas são inspiradas a alcançar seu pleno potencial humano. Suas ideias forneceram clareza e direção quando perdi o foco ou desviei o curso.

Agradeço aos meus fantásticos colegas de Great Place to Work pelo planeta, por seu entusiasmo e dedicação total à nossa missão de fazer um mundo melhor, um local de trabalho por vez. Obrigado também por sua sabedoria e conselho, seu apoio e sua amizade. Especialmente a sua amizade.

Obrigado aos inúmeros líderes, colaboradores e organizações do mundo que compartilharam suas experiências, opiniões e ideias ao longo dos anos, criando a oportunidade de entender melhor o impacto da confiança no local de trabalho. Sem vocês este livro não existiria!

É preciso muito mais trabalho e atenção aos detalhes para dar vida a um livro do que jamais imaginei. Sou grato pelo encorajamento, apoio e direção de Genoveva Llosa e a fantástica equipe da Girl Friday Productions, incluindo Paul Barrett, por seu excelente trabalho de design e, especialmente, Karen Upson, que de forma alegre e eficiente reuniu tudo. Obrigado também à Giselle Chacon Nessi por seu olhar afiado de designer e conselhos inestimáveis.

Agradeço ao meu falecido pai, Paschal, por incentivar minha curiosidade, e minha mãe, Ann Lee, por alimentar meu amor pela leitura e uma apreciação obsessiva da importância de um apóstrofo corretamente colocado. Obrigado aos meus filhos Kathy, Stephen, Lily e Maria por serem meus fãs número um e por manterem meus pés plantados firmemente no chão.

Sobretudo, agradeço à minha esposa e melhor amiga, Eileen Devlin, pelo apoio inabalável, pela paciência infinita e pela opinião sempre sincera. Mais do que nunca, o mundo precisa de gente que fale a verdade.

Finalmente, agradeço a *você*. Se você leu os agradecimentos até aqui, há uma chance muito grande de que tenha chegado a esta página com a esperança de ver seu nome nela. Sinto muito, na pressa para cumprir o prazo de publicação, eu me esqueci de mencionar você! Por favor, aceite minhas sinceras desculpas pelo deslize, e meus sinceros agradecimentos por sua contribuição! Nós dois sabemos que eu não poderia ter feito isso sem você.

FONTES

Uma observação acerca dos dados de pesquisa e achados por trás de *Regras da confiança*: As dezesseis regras são baseadas em respostas de quase 2 milhões de colaboradores em oitenta países de todo o mundo para o Great Place to Work® Trust Index© Survey.

O Trust Index© é o ponto de partida para as organizações comprometidas com a construção de um local de trabalho melhor. É um dos questionários aos colaboradores mais aplicados no mundo, utilizado por mais de 6 mil organizações a cada ano, representando os pontos de vista e as experiências de cerca de 12 milhões de colaboradores.

Consulte trustrules.com para obter mais informações.

NOTAS

1 Robert Levering, "The Great Place to Work® Trust Model," https://www.youtube.com/user/GreatPlaceToWorkInc.

2 Robert Levering, *A Great Place to Work* (Great Place to Work Institute, 2000), 26.

3 Visite trustrules.com para mais informações sobre esses e outros estudos, com análises mais recentes e conclusões.

4 Alex Edmans, "Does the Stock Market Fully Value Intangibles? Employee satisfaction and equity prices," http://faculty.london. edu/aedmans/Rowe.pdf, doi:10.1016/j.jfineco.2011.03.021; "The link between job satisfaction and firm value, with implications for corporate social responsibility," Academy of Management Perspectives 26:4 (2012): 1–19.

5 Alex Edmans, "The social responsibility of business," TEDx talk, TEDx London Business School, https://youtu.be/Z5KZh- m19EO0.

6 Ibid.

7 Robert F. Hurley, "The Decision to Trust," Harvard Business Review (September 2006): 55–62. HBR Reprint Reference R0609B.

8 Thomas Barta, Markus Kleiner e Tilo Neumann, "Is There a Payoff from Top-Team Diversity?", http://www.mckinsey.com/ business-functions/organization/our-insights/ is-there-a-pay- off-from-top-team-diversity.

9 Jeff Shore, "Have You Mastered the 3 Rules of Talk:Listen Ratio?", http://jeffshore.com/2015/03/ the-talk-listen-ratio-for- sales/.

10 Alan G. Robinson e Dean M. Schroeder, *Organização guiada por ideias: inovação a partir de todas as pessoas* (M. Books, 2015), xi.

11 Cindy Ventrice, *Make Their Day! Employee Recognition That Works* (Berrett-Koehler Publishers, 2009), 189.

12 Vivian Giang, "71% Of Millennials Want Their Co-Workers To Be A 'Second Family,'" Business Insider (June 15, 2013), http:// www.businessinsider.com/millennials--want-to-be-connected- to-their-coworkers-2013-6?IR=T.

SOBRE O AUTOR

Bob Lee é um conferencista internacionalmente reconhecido, comentarista de mídia e um líder sênior para o Great Place to Work, a autoridade global em culturas corporativas de alto nível de confiança e desempenho.

Bob representou o Great Place to Work em conferências e eventos por todo o planeta, compartilhando suas ideias únicas sobre como e por que os melhores empregadores do mundo usam uma excelente cultura no local de trabalho para gerar vantagem competitiva. Diretor fundador do Great Place to Work Reino Unido e Irlanda, Bob ocupou cargos seniores de liderança no instituto, incluindo quatro anos como presidente do Conselho Consultivo Global. Ele continua a apoiar clientes multinacionais globais como principal consultor do Great Place to Work USA. Bob tem um MBA da University College Dublin Smurfit Business School.

Regras da confiança é seu primeiro livro.

Equipe editorial: Larissa Caldin e Lourdes Magalhães
Tradução: Mabi Costa
Revisão: Larissa Caldin
Projeto gráfico e Capa: Trust Lab

Dados Internacionais de Catalogação na Publicação (CIP)
(Câmara Brasileira do Livro, SP, Brasil)

Lee, Bob

Regras da confiança: como os melhores gerentes do mundo constroem as melhores empresas para trabalhar / Bob Lee ; tradução de Mabi Costa. -- São Paulo : Primavera Editorial, 2017.

200 p.

ISBN: 978-85-5578-051-6

Título original: Trust rules

1. Diretores-executivos 2. Liderança 3. Sucesso nos negócios 4. Motivação no trabalho 4. Liderança - Confiabilidade I. Título II. Mabi Costa

17-0546 CDD 658.4

Índices para catálogo sistemático:

1. Gestão executiva - Liderança

PRIMAVERA
EDITORIAL

Av. Queiroz Filho, 1560 - Torre Gaivota Sl. 109
05319-000 – São Paulo – SP
Telefone: (55 11) 3034-3925
www.primaveraeditorial.com
contato@primaveraeditorial.com

REGRAS DA CONFIANÇA
foi impresso pela gráfica Mundial Gráfica
para Primavera Editorial
em setembro de 2017